国家社科基金重大项目“面向新疆义务教育的语言资源数据库建设及应用研究”（20&ZD293）阶段性成果
“天山英才”培养计划哲学社会科学人才和新疆文化名家项目（2023WHMJ023）阶段性成果

总 主 编　刘正江
执行总主编　邢　欣

国家通用语言文字口语学习教程

农牧民版

本 册 主 编　刘正江
本册副主编　邢　欣
本 册 编 者　陈寅东　王玉茗　王紫悦　赵思远　蒋济元

第1册 看图听音

北京语言大学出版社
BEIJING LANGUAGE AND CULTURE UNIVERSITY PRESS

图书在版编目（CIP）数据

国家通用语言文字口语学习教程 : 农牧民版. 1, 看图听音 / 刘正江总主编 ; 刘正江主编 ; 邢欣副主编 ; 陈寅东等编. -- 北京 : 北京语言大学出版社, 2025. 5.
ISBN 978-7-5619-6779-9

Ⅰ. H193.2

中国国家版本馆CIP数据核字第2025T2Y700号

国家通用语言文字口语学习教程（农牧民版）第1册　看图听音
GUOJIA TONGYONG YUYAN WENZI KOUYU XUEXI JIAOCHENG
（NONG-MUMIN BAN）DI 1 CE　KAN TU TING YIN

排版制作：北京创艺涵文化发展有限公司
责任印制：周　燚

出版发行：北京语言大学出版社
社　　址：北京市海淀区学院路15号，100083
网　　址：www.blcup.com
电子信箱：service@blcup.com
电　　话：编 辑 部　8610-82303390
国内发行　8610-82303650/3591/3648
海外发行　8610-82303365/3080/3668
北语书店　8610-82303653
网购咨询　8610-82303908
印　　刷：天津嘉恒印务有限公司

版　　次：2025 年 5 月第 1 版
印　　次：2025 年 5 月第 1 次印刷
开　　本：787 毫米 × 1092 毫米　1/16
印　　张：9.5
字　　数：110 千字
定　　价：42.00 元

PRINTED IN CHINA

目　录

第1单元

第1题

说明：这部分一共包含100道练习题。在每道题目中，你会看到一张图，听到三个词语，其中只有一个是对图片的说明，请把它选出来。需要注意的是，你听到的是两个人的声音，一个人念题号，一个人念①②③三个词语。

1	①琴	②桃	③湖
2	①包	②盐	③狗
3	①笔	②油	③塔
4	①水	②鞋	③秋
5	①手	②渠	③山
6	①玉	②葱	③桥
7	①书	②米	③熊
8	①鼓	②梨	③海
9	①电	②草	③车
10	①药	②饭	③驴
11	①纸	②瓜	③门
12	①线	②馕	③鸡
13	①画	②雪	③羊
14	①床	②茶	③牛
15	①锅	②糖	③蛇
16	①灯	②碗	③虎
17	①面	②酒	③鸟
18	①猫	②馍	③田
19	①花	②火	③鱼
20	①歌	②竹	③鸭
21	①鹿	②柴	③脚
22	①月	②路	③狼
23	①风	②树	③龙
24	①雷	②马	③冰
25	①布	②虫	③梨
26	①云	②瓜	③针
27	①钱	②汤	③猴
28	①菜	②桥	③客
29	①伞	②兔	③鞋
30	①河	②鞭	③头
31	①桶	②牙	③鹰
32	①棍	②鹅	③票
33	①烟	②表	③岛
34	①马	②蛋	③嘴
35	①枣	②壶	③舌
36	①煤	②卡	③叶
37	①矿	②苗	③钟
38	①墙	②字	③腿
39	①坝	②房	③伤
40	①皮	②网	③毛
41	①债	②盒	③洞
42	①瓦	②眼	③雹

43 ①粥 ②斧 ③毯
44 ①勺 ②糖 ③毡
45 ①谷 ②茶 ③碑
46 ①米 ②墓 ③鲸
47 ①桌 ②膜 ③碳
48 ①腰 ②信 ③豆
49 ①袋 ②楼 ③红
50 ①春 ②船 ③绒
51 ①夏 ②蛙 ③鲸
52 ①冬 ②土 ③蝶
53 ①虾 ②菊 ③白
54 ①爪 ②果 ③黄
55 ①蟹 ②蓝 ③梅
56 ①奶 ②紫 ③林
57 ①叶 ②裙 ③耳
58 ①诗 ②棕 ③燕
59 ①雀 ②兰 ③心
60 ①肠 ②足 ③刺
61 ①绳 ②金 ③壁
62 ①孔 ②眉 ③图
63 ①鼻 ②笛 ③银
64 ①耳 ②铜 ③鸡
65 ①箱 ②梦 ③臂
66 ①幕 ②星 ③柜
67 ①蜂 ②口 ③蜡
68 ①脸 ②窝 ③洞
69 ①宫 ②鸦 ③袍
70 ①地 ②雾 ③芽
71 ①院 ②姜 ③茎
72 ①荷 ②仓 ③日
73 ①江 ②亭 ③莲
74 ①棉 ②柳 ③盖
75 ①脑 ②松 ③袍
76 ①笋 ②饼 ③人
77 ①屋 ②包 ③棒
78 ①管 ②根 ③壳
79 ①禾 ②泵 ③脖
80 ①浪 ②蒜 ③龟
81 ①蚕 ②霞 ③鸽
82 ①锹 ②痣 ③灰
83 ①秤 ②皂 ③罐
84 ①尺 ②墨 ③醋
85 ①石 ②旗 ③酱
86 ①光 ②货 ③蹄
87 ①藕 ②藤 ③炕
88 ①稻 ②坑 ③帆
89 ①枝 ②碟 ③笔
90 ①犁 ②兜 ③霜
91 ①糖 ②锣 ③雀
92 ①框 ②鼠 ③舟
93 ①钩 ②杯 ③泪
94 ①岸 ②坡 ③泥
95 ①缸 ②尘 ③糕
96 ①崖 ②梯 ③鹅
97 ①井 ②面 ③茶
98 ①镰 ②汗 ③桂
99 ①板 ②卵 ③雁
100 ①炉 ②豹 ③环

第2题

说明：这部分一共包含100道练习题。在每道题目中，你会看到一张图，听到三个词语，其中只有一个是对图片的说明，请把它选出来。需要注意的是，你听到的是两个人的声音，一个人念题号，一个人念①②③三个词语。

1 ①太阳 ②发票 ③蛋糕
2 ①镜子 ②奖杯 ③苹果
3 ①烟花 ②香蕉 ③电话
4 ①沙漠 ②电脑 ③雪豹
5 ①饼干 ②电钻 ③孔雀
6 ①面包 ②树苗 ③蝴蝶
7 ①蚂蚁 ②米饭 ③葡萄
8 ①弹簧 ②本子 ③面条儿
9 ①鲜花 ②橙汁 ③鸵鸟
10 ①乌鸦 ②手机 ③拖把
11 ①月亮 ②麻雀 ③垃圾
12 ①老鹰 ②摩托 ③烟花
13 ①大象 ②蝙蝠 ③玉米
14 ①树叶 ②苜蓿 ③汤圆
15 ①石榴 ②熊猫 ③锄头
16 ①火炉 ②骆驼 ③黄瓜
17 ①芯片 ②铁锹 ③蜻蜓
18 ①话筒 ②早市 ③电钮
19 ①玻璃 ②冰块 ③沙枣
20 ①星星 ②耳机 ③红薯
21 ①高粱 ②蚊帐 ③蓝牙
22 ①白云 ②猴子 ③微信
23 ①大豆 ②骆驼 ③快手
24 ①百合 ②邮箱 ③花生
25 ①烤肉 ②夜市 ③插头
26 ①电视 ②梨树 ③土豆
27 ①酱油 ②开关 ③辣椒
28 ①草原 ②电池 ③簸箕
29 ①插座 ②仓库 ③按钮
30 ①靴子 ②饲料 ③大雁
31 ①蟑螂 ②汽车 ③凉皮
32 ①铅笔 ②喷灌 ③杏子
33 ①蓝天 ②化肥 ③核桃
34 ①裙子 ②围棋 ③白菜
35 ①薯片 ②甜瓜 ③扁担
36 ①沙漠 ②温室 ③红枣
37 ①大棚 ②冰柜 ③地窖
38 ①袜子 ②农药 ③茉莉
39 ①肉馕 ②老虎 ③水表
40 ①窗帘 ②棉花 ③果园
41 ①咖啡 ②猴子 ③石榴
42 ①奶酪 ②山羊 ③塔吊
43 ①枕头 ②瀑布 ③葡萄
44 ①涂料 ②泉水 ③白菜

45 ① 浴巾 ② 刨冰 ③ 馒头
46 ① 婚礼 ② 旗袍 ③ 菠萝
47 ① 鸡蛋 ② 古筝 ③ 公告
48 ① 豆角 ② 轮船 ③ 二胡
49 ① 蜂蜜 ② 香肠 ③ 抖音
50 ① 火车 ② 拳击 ③ 茅草
51 ① 豆腐 ② 蜡烛 ③ 锯子
52 ① 高铁 ② 农民 ③ 苹果
53 ① 飞机 ② 绿豆 ③ 帽子
54 ① 石头 ② 月饼 ③ 外卖
55 ① 西瓜 ② 胶囊 ③ 秋裤
56 ① 投影 ② 麻花 ③ 茄子
57 ① 喇叭 ② 农民 ③ 梨树
58 ① 蘑菇 ② 牧民 ③ 斧头
59 ① 工人 ② 壁纸 ③ 窗帘
60 ① 工厂 ② 百度 ③ 草莓
61 ① 美团 ② 雷达 ③ 玉米
62 ① 青稞 ② 火箭 ③ 清油
63 ① 韭菜 ② 铁路 ③ 烤箱
64 ① 电台 ② 拉链 ③ 火锅
65 ① 黄瓜 ② 书法 ③ 农药
66 ① 丁香 ② 雕像 ③ 保安
67 ① 围巾 ② 哑铃 ③ 肉牛
68 ① 抓饭 ② 阳台 ③ 地毯
69 ① 薄荷 ② 扑克 ③ 笛子
70 ① 玉米 ② 天线 ③ 蟋蟀
71 ① 萝卜 ② 凉粉 ③ 卫星
72 ① 茉莉 ② 网友 ③ 邮票
73 ① 路灯 ② 樱桃 ③ 医院
74 ① 外卖 ② 杨树 ③ 齿轮
75 ① 梧桐 ② 故宫 ③ 机床
76 ① 鸟巢 ② 骆驼 ③ 蒸锅
77 ① 烤箱 ② 电线 ③ 荔枝
78 ① 股票 ② 激光 ③ 轮椅
79 ① 长城 ② 硬币 ③ 石榴
80 ① 纸币 ② 牡丹 ③ 游戏
81 ① 玉兰 ② 胶水 ③ 路灯
82 ① 羊圈 ② 青蛙 ③ 恐龙
83 ① 红包 ② 洋葱 ③ 甜瓜
84 ① 花帽 ② 面粉 ③ 客车
85 ① 电影 ② 尿素 ③ 对联
86 ① 法院 ② 桂圆 ③ 春晚
87 ① 病毒 ② 钻机 ③ 红旗
88 ① 机油 ② 电线 ③ 牛圈
89 ① 拐杖 ② 专车 ③ 兔子
90 ① 海洋 ② 轮胎 ③ 青蛙
91 ① 钢笔 ② 蝴蝶 ③ 数据
92 ① 果篮 ② 骆驼 ③ 闪电
93 ① 毡帽 ② 手电 ③ 狼狗
94 ① 头发 ② 法院 ③ 电闸
95 ① 眼镜 ② 货车 ③ 胡椒
96 ① 花椒 ② 客车 ③ 走廊
97 ① 纸箱 ② 刺绣 ③ 蔷薇
98 ① 楼梯 ② 厨师 ③ 茄子
99 ① 信封 ② 电网 ③ 芝麻
100 ① 漏斗 ② 医生 ③ 鞭炮

第3题

说明：这部分一共包含100道练习题。在每道题目中，你会看到一张图，听到三个词语，其中只有一个是对图片的说明，请把它选出来。需要注意的是，你听到的是两个人的声音，一个人念题号，一个人念①②③三个词语。

1 ①空调 ②牙刷 ③蚂蚱
2 ①鼠标 ②毛巾 ③化肥
3 ①榆树 ②衣架 ③把手
4 ①台灯 ②水盆 ③蚜虫
5 ①电车 ②肥皂 ③栏杆
6 ①相机 ②炉子 ③蚯蚓
7 ①音响 ②报纸 ③金鱼
8 ①微博 ②杂志 ③骆驼
9 ①博客 ②窗户 ③海龟
10 ①天鹅 ②抹布 ③宽带
11 ①插座 ②衣柜 ③鳄鱼
12 ①牦牛 ②电梯 ③屏幕
13 ①键盘 ②风扇 ③栅栏
14 ①手表 ②牙膏 ③短袖
15 ①手套 ②硬盘 ③背心
16 ①轨道 ②钱包 ③蜘蛛
17 ①动车 ②喷壶 ③门票
18 ①地铁 ②笼子 ③卷尺
19 ①轻轨 ②牙签 ③斑马
20 ①公交 ②牙线 ③公牛
21 ①卫星 ②电锯 ③河马
22 ①耳机 ②扳手 ③蝌蚪
23 ①话筒 ②钳子 ③青蛙
24 ①鲸鱼 ②螺丝 ③电商
25 ①网红 ②螺母 ③鸵鸟
26 ①直播 ②车站 ③扳手
27 ①缆车 ②站台 ③剪刀
28 ①外卖 ②公园 ③茉莉
29 ①导航 ②广场 ③薄荷
30 ①轮船 ②影院 ③门帘
31 ①浴霸 ②商场 ③门铃
32 ①风车 ②超市 ③人参
33 ①吊车 ②口罩 ③花生
34 ①机床 ②床单 ③豇豆
35 ①网站 ②褥子 ③木耳
36 ①薄膜 ②钥匙 ③银耳
37 ①电源 ②镜子 ③秋葵
38 ①大门 ②锁子 ③木瓜
39 ①汽油 ②拖鞋 ③荔枝
40 ①面罩 ②水杯 ③橙子
41 ①锉刀 ②筷子 ③芒果
42 ①蓝光 ②锅铲 ③桂圆
43 ①云盘 ②眼镜 ③柠檬
44 ①彩超 ②胶带 ③柚子

45 ①工厂 ②窗帘 ③柿子
46 ①动漫 ②围巾 ③香蕉
47 ①管道 ②书店 ③腰果
48 ①湿巾 ②枕头 ③橄榄
49 ①笔筒 ②商店 ③莲藕
50 ①滑板 ②银行 ③甜菜
51 ①别针 ②诊所 ③蒜薹
52 ①气囊 ②梳子 ③红柳
53 ①夹子 ②钱包 ③豆芽儿
54 ①吸管 ②酸奶 ③生菜
55 ①针线 ②奶茶 ③萝卜
56 ①鞋柜 ②水泥 ③丝瓜
57 ①刷子 ②钢筋 ③苦瓜
58 ①手电 ②木材 ③冬瓜
59 ①开关 ②颜料 ③香菜
60 ①挂钩 ②油漆 ③韭菜
61 ①耳环 ②酒精 ③油菜
62 ①项链 ②碘酒 ③芹菜
63 ①戒指 ②墨镜 ③菠菜
64 ①盘子 ②刷子 ③山竹
65 ①碟子 ②泳衣 ③榆钱
66 ①口罩 ②夹克 ③葫芦
67 ①头绳 ②箱子 ③海棠
68 ①书架 ②烤架 ③胶管
69 ①茶几 ②鞋套 ③海带
70 ①淋浴 ②石膏 ③紫菜
71 ①梳子 ②石灰 ③草坪
72 ①胡须 ②黑板 ③皮筋儿
73 ①鞋垫 ②民宿 ③袖套
74 ①鞋盒 ②药店 ③围裙
75 ①凉席 ②网吧 ③水管
76 ①晚霞 ②酒吧 ③门诊
77 ①拌面 ②奖牌 ③海棠
78 ①鞋带 ②灯泡 ③蝙蝠
79 ①玫瑰 ②车牌 ③鲨鱼
80 ①电铃 ②车位 ③苍蝇
81 ①电报 ②卧铺 ③藏獒
82 ①羽毛 ②硬座 ③水桶
83 ①蒸笼 ②白酒 ③大米
84 ①案板 ②合同 ③鱿鱼
85 ①地板 ②西装 ③小米
86 ①腰带 ②凉菜 ③知了
87 ①日历 ②皮鞋 ③玉石
88 ①扣子 ②油条 ③密码
89 ①睡衣 ②手鼓 ③骡子
90 ①棉签 ②缆车 ③走廊
91 ①纱布 ②轿车 ③棉被
92 ①抽屉 ②滑板 ③白面
93 ①雕塑 ②足球 ③红豆
94 ①瓷砖 ②篮球 ③棉衣
95 ①粉笔 ②跳绳 ③贝壳
96 ①墨水 ②台球 ③凉面
97 ①花瓶 ②松树 ③棉裤
98 ①奖状 ②风衣 ③馄饨
99 ①电商 ②证件 ③棉鞋
100 ①字典 ②护照 ③纽扣

第4题

说明：这部分一共包含100道练习题。在每道题目中，你会看到一张图，听到三个词语，其中只有一个是对图片的说明，请把它选出来。需要注意的是，你听到的是两个人的声音，一个人念题号，一个人念①②③三个词语。

1 ①睡觉 ②跳舞 ③爬山
2 ①唱歌 ②烤火 ③看书
3 ①滑雪 ②吃饭 ③浇花
4 ①开车 ②买票 ③唱戏
5 ①喝水 ②扫地 ③弹琴
6 ①退货 ②坐车 ③打球
7 ①聊天儿 ②照相 ③穿衣
8 ①看病 ②下山 ③买菜
9 ①打馕 ②跳绳 ③下雪
10 ①刷牙 ②游泳 ③施肥
11 ①理发 ②上学 ③劈柴
12 ①泡脚 ②开门 ③聚会
13 ①握手 ②走路 ③下棋
14 ①修车 ②颁奖 ③炒菜
15 ①除草 ②看戏 ③做客
16 ①放羊 ②开灯 ③唱戏
17 ①刷墙 ②骑马 ③打架
18 ①充电 ②择菜 ③搬砖
19 ①加油 ②拍手 ③熬汤
20 ①转弯 ②打药 ③拖地
21 ①割草 ②摔倒 ③着火
22 ①烧水 ②耕地 ③散步
23 ①健身 ②洗头 ③施肥
24 ①停电 ②烫发 ③拉面
25 ①按摩 ②划船 ③做梦
26 ①做题 ②挤奶 ③加班
27 ①盖房 ②开刀 ③送货
28 ①洗手 ②借钱 ③敬礼
29 ①种树 ②报警 ③打人
30 ①挥手 ②砍柴 ③约会
31 ①切梨 ②烧水 ③磨刀
32 ①喂牛 ②叹气 ③炖鸡
33 ①倒水 ②铺路 ③剥壳
34 ①刷漆 ②翻墙 ③擦手
35 ①拼图 ②扫码 ③站队
36 ①弯腰 ②演出 ③端水
37 ①开窗 ②擦嘴 ③挂挡
38 ①刹车 ②检票 ③美容
39 ①倒车 ②浇花 ③刷脸
40 ①拜年 ②写字 ③洗碗
41 ①榨汁 ②举手 ③抽奖
42 ①打针 ②装货 ③买单
43 ①请客 ②下班 ③刷卡
44 ①投票 ②蒸馍 ③打包

45 ① 点赞 ② 下雨 ③ 淘米
46 ① 切瓜 ② 上课 ③ 掐脸
47 ① 跑步 ② 淋雨 ③ 挖土
48 ① 吃药 ② 招手 ③ 下车
49 ① 跺脚 ② 输液 ③ 搬家
50 ① 踢球 ② 买房 ③ 撕纸
51 ① 开机 ② 抬头 ③ 穿鞋
52 ① 打的 ② 听歌 ③ 敲门
53 ① 打鼓 ② 摔跤 ③ 上车
54 ① 眨眼 ② 插队 ③ 切菜
55 ① 看病 ② 点菜 ③ 打洞
56 ① 过年 ② 做饭 ③ 画画
57 ① 起床 ② 刷单 ③ 搓澡
58 ① 梳头 ② 超车 ③ 挖坑
59 ① 让座 ② 下棋 ③ 敬礼
60 ① 追星 ② 升旗 ③ 切肉
61 ① 划船 ② 相亲 ③ 录音
62 ① 睁眼 ② 舞狮 ③ 喝茶
63 ① 签字 ② 磕头 ③ 修路
64 ① 听诊 ② 睡觉 ③ 盖章
65 ① 打鼓 ② 数钱 ③ 刮风
66 ① 救火 ② 打扫 ③ 牵手
67 ① 投篮 ② 存钱 ③ 看报
68 ① 咳嗽 ② 写信 ③ 滑雪
69 ① 插卡 ② 挑水 ③ 关灯
70 ① 写字 ② 钓鱼 ③ 赶集
71 ① 洗碗 ② 酿酒 ③ 画图
72 ① 抽血 ② 下蛋 ③ 跳绳
73 ① 点头 ② 结婚 ③ 跳远
74 ① 鞠躬 ② 拔草 ③ 剃头
75 ① 跳高 ② 流泪 ③ 炒饭
76 ① 梳头 ② 煮肉 ③ 抓阄儿
77 ① 撞车 ② 犁地 ③ 充钱
78 ① 逛街 ② 脸红 ③ 穿鞋
79 ① 噘嘴 ② 捶背 ③ 挂号
80 ① 皱眉 ② 解锁 ③ 听课
81 ① 洗澡 ② 鼓掌 ③ 乘凉
82 ① 踢腿 ② 洒水 ③ 拍照
83 ① 包扎 ② 织布 ③ 拥抱
84 ① 跳伞 ② 排队 ③ 打井
85 ① 打架 ② 站岗 ③ 灭火
86 ① 挂号 ② 打工 ③ 绣花
87 ① 张嘴 ② 剪草 ③ 遛狗
88 ① 上楼 ② 关门 ③ 喂鸟
89 ① 滑冰 ② 下楼 ③ 演讲
90 ① 碰杯 ② 寄信 ③ 登山
91 ① 发抖 ② 泡茶 ③ 转圈
92 ① 献血 ② 断电 ③ 过桥
93 ① 赛马 ② 治沙 ③ 砍树
94 ① 洗脸 ② 上网 ③ 点餐
95 ① 弯腰 ② 吵架 ③ 退货
96 ① 熬粥 ② 爬树 ③ 打井
97 ① 刷鞋 ② 削皮 ③ 吹气
98 ① 摇头 ② 和面 ③ 关灯
99 ① 点头 ② 拔牙 ③ 穿鞋
100 ① 泼水 ② 取钱 ③ 洗菜

第5题

说明：这部分一共包含 100 道练习题。在每道题目中，你会看到一张图，听到三个词语，其中只有一个是对图片的说明，请把它选出来。需要注意的是，你听到的是两个人的声音，一个人念题号，一个人念 ①②③ 三个词语。

1 ① 拖拉机
② 电冰箱
③ 葡萄干

2 ① 立交桥
② 胡萝卜
③ 红绿灯

3 ① 村委会
② 电瓶车
③ 无花果

4 ① 柴油机
② 大熊猫
③ 微波炉

5 ① 发电机
② 冷藏车
③ 向日葵

6 ① 肉夹馍
② 收割机
③ 长颈鹿

7 ① 油罐车
② 二维码
③ 猫头鹰

8 ① 蒲公英
② 放大镜
③ 无人机

9 ① 行李箱
② 电视机
③ 火龙果

10 ① 垃圾桶
② 啄木鸟
③ 摄像头

11 ① 推土机
② 乒乓球
③ 冰激凌

12 ① 手电筒
② 哈密瓜
③ 起重机

13 ① 麦克风
② 搅拌车
③ 喇叭花

14 ① 压路机
② 充电宝
③ 方便面

15 ① 剃须刀
② 翻斗车
③ 羊肉串

16 ① 采棉机
② 安全帽
③ 白桦树

17 ① 微波炉
② 千斤顶
③ 火腿肠

18 ① 水蜜桃
② 水泥罐
③ 消毒柜

19 ① 稻草人
② 垃圾车
③ 照相机

20 ① 鸵鸟蛋
② 报警器
③ 菜籽油

21 ① 螺丝刀
② 插秧机
③ 大白菜

22 ① 梅花鹿
② 爆米花
③ 灭火器

23 ① 糖葫芦
② 联欢会
③ 显微镜

24 ① 杀虫剂
② 龙卷风
③ 铁皮房
25 ① 吸尘器
② 电影院
③ 薄荷茶
26 ① 塑料膜
② 割草机
③ 毛毛虫
27 ① 玉米地
② 直升机
③ 大巴扎
28 ① 暴风雪
② 洒水车
③ 电暖器
29 ① 录音笔
② 消毒液
③ 巴旦木
30 ① 晾衣架
② 粉碎机
③ 棉花田
31 ① 煮蛋器
② 潜水艇
③ 电冰箱
32 ① 无花果
② 坎儿井
③ 钻探机
33 ① 电热毯
② 石榴汁
③ 传真机
34 ① 天安门
② 腊八粥
③ 机器人
35 ① 手抓饭
② 写字楼
③ 计算机
36 ① 丹顶鹤
② 洗发水
③ 辣椒面
37 ① 水龙头
② 大盘鸡
③ 排气扇
38 ① 救护车
② 牛肉面
③ 戈壁滩
39 ① 烘干机
② 收音机
③ 烤包子
40 ① 鸡冠花
② 四合院
③ 变压器
41 ① 天花板
② 听诊器
③ 伊犁河
42 ① 洗衣机
② 架子肉
③ 户口本儿
43 ① 公交车
② 心电图
③ 炸酱面
44 ① 牵牛花
② 孙悟空
③ 地球仪
45 ① 八宝粥
② 体温计
③ 布谷鸟
46 ① 信用卡
② 手推车
③ 葡萄架
47 ① 兵马俑
② 消防车
③ 百合花
48 ① 身份证
② 垃圾袋
③ 麻辣烫
49 ① 棉花糖
② 手电筒
③ 防盗门
50 ① 薰衣草
② 平板车
③ 中国结
51 ① 螺丝钉
② 包心菜
③ 电暖器
52 ① 遥控器
② 口香糖
③ 马赛克

53 ① 感冒药
② 幻灯片
③ 鸽子汤
54 ① 降落伞
② 游乐场
③ 仙人掌
55 ① 除草剂
② 钓鱼竿
③ 松树林
56 ① 防腐剂
② 牛仔裤
③ 手抓肉
57 ① 电子秤
② 刀削面
③ 毛巾被
58 ① 指南针
② 救生衣
③ 除草机
59 ① 磨刀石
② 百香果
③ 摩托车
60 ① 羽绒服
② 温度计
③ 丸子汤
61 ① 鹌鹑蛋
② 玻璃瓶
③ 机顶盒
62 ① 电磁炉
② 图书馆
③ 炒米粉
63 ① 防洪坝
② 花椒油
③ 演唱会
64 ① 医保卡
② 扫雪车
③ 花生米
65 ① 开心果
② 火焰山
③ 录音机
66 ① 爆米花
② 人民币
③ 电熨斗
67 ① 游乐场
② 吸尘器
③ 玉米面
68 ① 混凝土
② 文件夹
③ 手擀面
69 ① 牛奶糖
② 播种机
③ 吊顶灯
70 ① 电视塔
② 压路机
③ 菠菜面
71 ① 连衣裙
② 三轮车
③ 绿化带
72 ① 老花镜
② 牛肉面
③ 面包车
73 ① 苞谷面
② 排水管
③ 暖水瓶
74 ① 面肺子
② 支付宝
③ 氧气罐
75 ① 羊肚子
② 复印机
③ 保鲜膜
76 ① 长寿面
② 游戏机
③ 减速带
77 ① 豆腐干
② 洗洁精
③ 网约车
78 ① 牛肉干
② 博物馆
③ 手术刀
79 ① 工具箱
② 油塔子
③ 修剪机
80 ① 银行卡
② 塑料袋
③ 揪片子
81 ① 苹果汁
② 取款机
③ 计算器

82 ① 美食街
② 信号灯
③ 北极熊
83 ① 床头柜
② 馕坑肉
③ 浏览器
84 ① 运动鞋
② 锂电池
③ 辣子鸡
85 ① 止疼药
② 胡杨林
③ 小笼包
86 ① 望远镜
② 充电线
③ 红柳枝
87 ① 辣椒酱
② 飞行员
③ 煤气灶
88 ① 豆腐脑
② 路由器
③ 美术馆
89 ① 婴儿车
② 小卖部
③ 冰激凌
90 ① 吹风机
② 风干肉
③ 养老院
91 ① 平底锅
② 注射器
③ 土豆丝
92 ① 收费站
② 南瓜子
③ 烧水壶
93 ① 加湿器
② 人行道
③ 验钞机
94 ① 防虫网
② 鼓风机
③ 牛筋面
95 ① 音乐厅
② 钥匙扣
③ 小白杏
96 ① 山楂片
② 指甲刀
③ 正方形
97 ① 幼儿园
② 鹰嘴豆
③ 粉碎机
98 ① 三角形
② 压岁钱
③ 米肠子
99 ① 羊毛衫
② 冰箱贴
③ 方向盘
100 ① 茅草屋
② 荷包蛋
③ 加油站

第 2 单元

第 6 题

说明：这部分一共包含 100 道练习题。在每道题目中，你会看到一张图，听到三个词语，其中只有一个是对图片的说明，请把它选出来。需要注意的是，你听到的是两个人的声音，一个人念题号，一个人念 ①②③ 三个词语。

1 ① 几瓶水
② 很多羊
③ 一片田

2 ① 两排树
② 五只鸡
③ 一盆虾

3 ① 一壶茶
② 几头牛
③ 两只手

4 ① 三块姜
② 很多梨
③ 一捆绳

5 ① 许多人
② 四条河
③ 两只脚

6 ① 半斤肉
② 一张纸
③ 四只猫

7 ① 两道眉
② 一根线
③ 许多瓦

8 ① 五牙瓜
② 几头象
③ 无数星

9 ① 三场雪
② 一颗药
③ 一场雨

10 ① 两根针
② 一堆砖
③ 几个字

11 ① 一张嘴
② 一根烟
③ 几杯酒

12 ① 一只狼
② 很多鸟
③ 两幅画

13 ① 六支笔
② 一条龙
③ 三辆车

14 ① 几盆花
② 两条江
③ 一棵菜

15 ① 一座桥
② 很多车
③ 数只鸭

16 ① 一把尺
② 一缕烟
③ 一桌菜

17 ① 一块地
② 七口缸
③ 很多楼

18 ① 十口锅
② 许多汗
③ 几卷纸

19 ① 一张床
② 四瓶醋
③ 三口人

20 ① 一盏灯
② 八袋面
③ 一片沙

21 ① 几粒药
② 一把米
③ 两面旗

22 ① 一堵墙
② 一把火
③ 四句诗
23 ① 一间房
② 一摊水
③ 八份饭
24 ① 一条蛇
② 两把琴
③ 一盒菜
25 ① 许多虾
② 四碗汤
③ 半斤米
26 ① 几朵云
② 一束光
③ 十颗枣
27 ① 一盏灯
② 几片叶
③ 许多花
28 ① 一摞书
② 一批货
③ 半瓶水
29 ① 一口锅
② 两艘船
③ 几匹马
30 ① 一片湖
② 一束花
③ 三盒药
31 ① 五条狗
② 一地雪
③ 几块玉
32 ① 几条虫
② 一只表
③ 三张票
33 ① 一盘棋
② 一勺油
③ 一群驴
34 ① 六只猫
② 几瓣蒜
③ 五把锹
35 ① 一摊泥
② 一把锁
③ 三座塔
36 ① 几副牌
② 三道题
③ 一捧土
37 ① 许多牛
② 三支香
③ 一颗心
38 ① 几处伤
② 三座钟
③ 四个筐
39 ① 七张犁
② 一张锣
③ 一队人
40 ① 几把草
② 十条蚕
③ 一杆秤
41 ① 几根葱
② 两扇门
③ 五碗面
42 ① 一座岛
② 九口缸
③ 几条沟
43 ① 几面鼓
② 一把灰
③ 一条街
44 ① 六口井
② 一缕烟
③ 十只鸟
45 ① 许多鱼
② 一棵松
③ 两面墙
46 ① 许多花
② 三只鹰
③ 四箱酒
47 ① 几张票
② 一锅粥
③ 几把椅
48 ① 很多熊
② 三只猴
③ 六箱桃
49 ① 一张桌
② 几袋盐
③ 一撮毛
50 ① 几张图
② 一团雾
③ 一瓶奶

51 ① 一根管
② 一盏灯
③ 三块布
52 ① 一只虎
② 一群鹅
③ 几个馕
53 ① 两只眼
② 一座矿
③ 很多煤
54 ① 一座坝
② 一颗牙
③ 三块碳
55 ① 一张脸
② 一捆柴
③ 一片瓦
56 ① 几滴泪
② 一箱水
③ 一块铁
57 ① 一片天
② 几道题
③ 几份报
58 ① 一扇窗
② 三包糖
③ 几枝梅
59 ① 几根蜡
② 一张皮
③ 两条腿
60 ① 一只鸡
② 一车瓜
③ 几头鹿
61 ① 几个窝
② 一个馍
③ 三张饼
62 ① 两张炕
② 许多丝
③ 一只桶
63 ① 两道湾
② 几根藤
③ 一座桥
64 ① 一块木
② 几个洞
③ 两颗痣
65 ① 一座墓
② 几块板
③ 一轮月
66 ① 一根棍
② 两扇门
③ 几根毛
67 ① 许多信
② 一盆花
③ 一层霜
68 ① 几根苗
② 一颗杏
③ 几间屋
69 ① 一座院
② 几道渠
③ 两支桨
70 ① 几块冰
② 一片海
③ 一层浪
71 ① 几吨铁
② 一滴水
③ 一罐茶
72 ① 九张卡
② 一副拐
③ 几盒药
73 ① 一车货
② 几桶油
③ 一笼鸟
74 ① 一缸醋
② 五枚币
③ 很多瓜
75 ① 几条鱼
② 几面旗
③ 两群雁
76 ① 一把沙
② 一束花
③ 几碗汤
77 ① 一队人
② 几堆土
③ 两箱梨
78 ① 很多树
② 一盆虾
③ 五页纸
79 ① 几幅图
② 许多牛
③ 几只羊

80 ① 两头蒜
② 一桶水
③ 五朵云
81 ① 几面墙
② 两股风
③ 两只蜂
82 ① 三碗饭
② 一片天
③ 许多鹿
83 ① 几碗粥
② 十只鹿
③ 四匹布
84 ① 一群鸟
② 五瓶油
③ 几碗肉
85 ① 七根弦
② 数根针
③ 几盒糖
86 ① 八袋煤
② 几把伞
③ 几包药

87 ① 数粒药
② 两捆草
③ 一罐茶
88 ① 几袋面
② 三碗饭
③ 许多钱
89 ① 一兜钱
② 三筒笔
③ 很多糖
90 ① 六块田
② 四架鼓
③ 几支笔
91 ① 五叠纸
② 半桶油
③ 一串肉
92 ① 一沓钱
② 四张图
③ 数道光
93 ① 两辆车
② 一筐梨
③ 两群蝶

94 ① 两车人
② 一锅汤
③ 几篮枣
95 ① 一条街
② 几垛草
③ 五卷纸
96 ① 两坨泥
② 一摊水
③ 许多鱼
97 ① 好多人
② 一窝蛋
③ 几只鸟
98 ① 很多盐
② 五沓钱
③ 一口饭
99 ① 几匹马
② 三副牌
③ 半杯酒
100 ① 一块铁
② 几条线
③ 许多纸

第 7 题

说明：这部分一共包含 100 道练习题。在每道题目中，你会看到一张图，听到三个词语，其中只有一个是对图片的说明，请把它选出来。需要注意的是，你听到的是两个人的声音，一个人念题号，一个人念 ①②③ 三个词语。

1 ① 金黄的麦田
② 好吃的梨子
③ 红红的太阳

2 ① 高大的楼房
② 勤劳的农民
③ 乌黑的头发

3 ① 美丽的姑娘
② 热闹的巴扎
③ 黑色的芝麻

4 ① 粗粗的绳子
② 弯弯的月亮
③ 高高的个子

5 ① 白白的棉花
② 小小的种子
③ 长长的列车

6 ① 香喷喷的抓饭
② 慢腾腾的牛车
③ 绿油油的草地

7 ① 热腾腾的汤饭
② 软绵绵的枕头
③ 毛茸茸的兔子

8 ① 亮亮的台灯
② 短短的头发
③ 细细的面条儿

9 ① 方方的盒子
② 圆圆的车轮
③ 尖尖的铅笔

10 ① 扁扁的柿饼
② 细细的眉毛
③ 甜甜的蜂蜜

11 ① 勤劳的蜜蜂
② 挺拔的松树
③ 舒适的沙发

12 ① 厚厚的城墙
② 高高的白杨
③ 深深的水井

13 ① 温暖的阳光
② 茂密的森林
③ 合身的衣服

14 ① 暖和的棉袄
② 清清的泉水
③ 炎热的夏天

15 ① 曲折的公路
② 新鲜的蔬菜

③ 漂亮的裙子
16 ① 红艳艳的樱桃
② 轻飘飘的气球
③ 黄灿灿的南瓜
17 ① 洁白的牙齿
② 响亮的掌声
③ 雄伟的长城
18 ① 软乎乎的羊毛
② 沉甸甸的榔头
③ 硬邦邦的面包
19 ① 黄色的乒乓球
② 精致的首饰
③ 冰冷的雪花
20 ① 结实的梯子
② 飞奔的骏马
③ 舒适的列车
21 ① 宽宽的肩膀
② 便宜的车票
③ 拥挤的车站
22 ① 重重的书包
② 可口的饭菜
③ 矮矮的围墙
23 ① 滚烫的开水
② 紫色的葡萄
③ 柔软的布料
24 ① 鲜红的苹果
② 硬实的木板
③ 破旧的椅子
25 ① 慢慢地走
② 轻轻地拿
③ 悄悄地说
26 ① 快快地跑
② 偷偷地吃
③ 猛猛地敲
27 ① 稳稳地举
② 慢慢地躺
③ 用力地推
28 ① 突然走出去
② 忽然哭起来
③ 一直看电视
29 ① 慢慢爬上去
② 直直飞上去
③ 悄悄告诉他
30 ① 快要起飞了
② 正在下大雨
③ 赶快上医院
31 ① 慢点儿走
② 突然蹲下
③ 快点儿跑
32 ① 赶紧去开门
② 马上就立春
③ 终于到家了
33 ① 按时吃药
② 正在上楼
③ 准备洗碗
34 ① 一直刮大风
② 勉强吃下去
③ 刚好要出门

35 ① 地很滑
② 水很深
③ 脸很红
36 ① 其实不好听
② 开车出远门
③ 亲手种了树
37 ① 在家玩电脑
② 全家团聚了
③ 偷偷溜走了
38 ① 全部回家了
② 的确很好吃
③ 这家书店大
39 ① 急忙跑出去
② 好歹尝一口
③ 喜欢看京剧
40 ① 稍微高一点儿
② 稍微大一点儿
③ 稍微有点儿辣
41 ① 上床睡觉
② 他很爱笑
③ 害怕打针
42 ① 的确很生气
② 随便吃两口
③ 绝对不下雪
43 ① 最近在减肥
② 她在贴对联
③ 今天包饺子
44 ① 兔子抓住了
② 羊圈造好了
③ 行李装好了
45 ① 蝴蝶飞走了
② 快递取来了
③ 风筝放飞了
46 ① 铁锹拿走了
② 炉子安好了
③ 中药熬好了
47 ① 钉子拔掉了
② 筷子掰断了
③ 花盆摆正了
48 ① 仓库搬空了
② 凉菜拌好了
③ 鞋带绑好了
49 ① 馄饨包完了
② 石榴剥好了
③ 竹筐编成了
50 ① 轮胎补好了
② 铲车铲掉了
③ 地膜铺上了
51 ① 蘑菇采完了
② 胶布买来了
③ 作业写完了
52 ① 鸡蛋煎煳了
② 废水接满了
③ 杏子吃光了
53 ① 菜地锄完了
② 背心穿上了
③ 喇叭吹响了
54 ① 路费凑够了

② 帐篷搭好了
③ 游戏打完了
55 ① 母鸡抓住了
② 大蒜捣碎了
③ 污水排净了
56 ① 剩饭倒掉了
② 被子叠好了
③ 河面结冰了
57 ① 眼睛哭红了
② 管道冻住了
③ 报纸读完了
58 ① 台灯修好了
② 肚子饿坏了
③ 礼物发完了
59 ① 孔雀飞走了
② 手套缝好了
③ 作文改好了
60 ① 高楼盖好了
② 韭菜割好了
③ 土地耕完了
61 ① 工人雇上了
② 泥子刮完了
③ 灯笼挂上了
62 ① 店铺关门了
② 笔记记全了
③ 包裹寄走了
63 ① 耳朵夹住了
② 锅贴煎好了
③ 屁股坐疼了
64 ① 钱包找到了
② 指甲剪完了
③ 菜地浇好了
65 ① 孩子接走了
② 门帘掀开了
③ 汽车拦住了
66 ① 蛋糕做好了
② 脑袋磕破了
③ 瓶盖拧开了
67 ① 化肥买来了
② 红枣洗好了
③ 剪刀磨好了
68 ① 蚊子拍死了
② 酸菜泡好了
③ 胳膊磕伤了
69 ① 地面泼湿了
② 合同签好了
③ 黄瓜切好了
70 ① 剩饭热好了
② 柴火劈开了
③ 核桃敲碎了
71 ① 核桃剥好了
② 饲料喂完了
③ 房子漏水了
72 ① 耳朵塞住了
② 乌云散开了
③ 马路扫好了
73 ① 螺丝上紧了
② 奶茶烧开了

③ 庄稼收完了

74 ① 比赛输掉了

② 院墙刷好了

③ 屏幕摔碎了

75 ① 野马拴住了

② 火锅开锅了

③ 袋子撕开了

76 ① 病人抬走了

② 小腿烫伤了

③ 口袋掏空了

77 ① 罪犯逃走了

② 股票套住了

③ 足球踢飞了

78 ① 矿坑填满了

② 鲜花挑好了

③ 海报贴满了

79 ① 篮球投进了

② 快递退掉了

③ 衣服褪色了

80 ① 外套脱掉了

② 卡车拖走了

③ 野菜挖完了

81 ① 人群围住了

② 鸽子喂饱了

③ 嘴巴捂住了

82 ① 把手握住了

② 杯子洗完了

③ 胡子刮完了

83 ① 牙齿补上了

② 电脑修好了

③ 瓶子挤扁了

84 ① 咸菜腌好了

② 村子淹没了

③ 煤炭运走了

85 ① 车胎扎破了

② 玻璃砸碎了

③ 苹果摘完了

86 ① 小猫睡着了

② 手机找到了

③ 馒头蒸好了

87 ① 咳嗽严重了

② 辣子长好了

③ 豆子煮熟了

88 ① 货车装满了

② 老鼠捉住了

③ 钻井钻开了

89 ① 横幅拉上了

② 奶粉摇匀了

③ 木材装齐了

90 ① 舒坦的养老院

② 拥挤的地铁站

③ 靠谱儿的健身房

91 ① 快乐的幼儿园

② 干净的卫生所

③ 神奇的博物馆

92 ① 安静的电影院

② 整洁的图书室

③ 宽大的停车场

93 ① 热闹的农家乐
② 忙碌的兽医站
③ 便宜的理发店

94 ① 美丽的校园
② 便民的医院
③ 宽敞的厂房

95 ① 山下的果园
② 安静的病房
③ 山上的牧场

96 ① 现代的养鸡场
② 欢乐的游乐园
③ 室内的运动场

97 ① 有名的餐厅
② 翻新的仓库
③ 迷人的花园

98 ① 热情的大哥
② 善良的邻居
③ 温暖的家庭

99 ① 年迈的父母
② 上课的老师
③ 热心的书记

100 ① 锋利的剪刀
② 好用的夹子
③ 顺手的钳子

第3单元

第8题

说明：这部分一共包含100道练习题。在每道题目中，你会看到一张图，听到三个句子，其中只有一个是对图片的说明，请把它选出来。需要注意的是，你听到的是两个人的声音，一个人念题号，一个人念①②③三个句子。

1 ① 外面下雪了！
② 蔬菜真新鲜！
③ 瞧那窝小鸡！

2 ① 孩子们趴在地上玩呢。
② 大家围坐着吃烤肉呢。
③ 游客们手拉手跳舞呢。

3 ① 去外面散散步。
② 把水渠修修吧。
③ 马喂喂就长膘了。

4 ① 你别哭了。
② 好吃极了！
③ 终于下雨了！

5 ① 年轻人在挖土呢。
② 老乡们肩并肩地走着。
③ 小孩子偷着玩手机。

6 ① 嗓子喊哑了。
② 庄稼被水淹了。
③ 给村主任打个电话。

7 ① 兽医站在哪儿？
② 农机生锈了怎么办？
③ 你家客厅真大。

8 ① 老师表扬了他。
② 山羊在吃草。
③ 别刷抖音了。

9 ① 姐姐比妹妹长得高。
② 他在电站工作。
③ 到博物馆参观。

10 ① 一会儿有沙尘暴吗？
② 客运站在哪儿？
③ 房子是新盖的吧？

11 ① 你找到钥匙了吗？
② 我的三轮车在哪儿呢？
③ 设计图画好了吗？

12 ① 吃了饭再走吧。
② 马上过年啦！
③ 去南山滑雪场滑雪吧。

13 ① 村里人喜欢踢足球。
② 学会骑马了吗？
③ 无人机飞上去了。

14 ① 南方人讨厌下雨天。
② 村民喜欢挖野菜。
③ 小孩儿害怕打针。

15 ① 弟弟到银行去取钱。
② 朋友帮着抬家具。
③ 扶着爷爷过马路。
16 ① 你们俩换一换座位。
② 多吃新鲜水果。
③ 多听听歌就高兴了。
17 ① 天气渐渐暖和起来了。
② 小朋友应该上幼儿园了。
③ 电商主播正在直播呢。
18 ① 妹妹拿着一把花。
② 小伙子拿起了篮球。
③ 爷爷进了一趟城。
19 ① 顾客扫了一下码。
② 这首歌我听了好多遍。
③ 弟弟被哥哥骂了一顿。
20 ① 告诉老乡们去割麦子。
② 请老人做体检。
③ 给他拉了一车西瓜。
21 ① 快请进。
② 别跳了。
③ 慢点儿喝。
22 ① 脸蛋儿晒得红红的。
② 桌子擦得亮亮的。
③ 头发吹得干干的。
23 ① 他看着看着就哭了。
② 奶奶说着说着就睡着了。
③ 火烧着烧着就灭了。
24 ① 轮到主任值班了。
② 烟囱里冒着烟。
③ 曲子终于吹完了。
25 ① 嘴巴里苦苦的。
② 星星一闪一闪的。
③ 肚子圆圆的。
26 ① 果园里是苹果树吗？
② 你见过骆驼没有？
③ 农机站有多少台拖拉机？
27 ① 不要随地吐痰。
② 这酒好喝极了。
③ 大爷，您请坐。
28 ① 地滑，小心摔倒。
② 下地别忘了带水。
③ 天冷，记得戴上帽子。
29 ① 给他两块钱买糖吃。
② 感冒了要多喝热水。
③ 快往屋里搬箱子吧。
30 ① 把灯打开吧。
② 送外卖能挣钱。
③ 风呼呼地吹着。
31 ① 山火把林子烧尽了。
② 蝗虫把庄稼啃光了。
③ 他们俩把草拔完了。
32 ① 去操场活动活动。
② 喝口汤暖暖胃。
③ 去公园喂鸽子吧。
33 ① 热得喘不过气来。
② 手机找到了。
③ 他对下棋感兴趣。
34 ① 奶茶煮好了。

② 院子里有很多人。
③ 前面是一片绿绿的草原。

35 ① 衣服晒干了。
② 他去医院看病人。
③ 这辆车可以坐五个人。

36 ① 大棚里面有温控灯。
② 他拿来了几把铁锹。
③ 新疆的风景很美。

37 ① 葡萄熟了吗?
② 漏水了怎么办?
③ 水渠挖好了吗?

38 ① 昨天的报纸上有好消息。
② 男孩儿身上全是泥巴。
③ 房子的装修怪好看的。

39 ① 院子里种了好多果树。
② 河水哗哗地流着。
③ 春天要来了。

40 ① 房间都收拾好了。
② 树叶黄了。
③ 护工来陪病人了。

41 ① 鸟儿长着漂亮的羽毛。
② 爸爸去卖菜了。
③ 自行车他骑走了。

42 ① 鸟儿飞走了。
② 地里的玉米成熟了。
③ 他在认真地工作。

43 ① 高兴得心里乐开了花。
② 喝了酒不能开车。
③ 孩子今年三岁了。

44 ① 擦了擦手机屏幕。
② 天好像要下雨了。
③ 今天的午饭很好吃。

45 ① 妈妈用大碗盛汤。
② 已经十点了。
③ 电磁炉很好用。

46 ① 学生都在食堂吃饭。
② 骆驼快走出戈壁滩了。
③ 他低着头。

47 ① 狼把羊咬死了。
② 他看了眼微信。
③ 他坐公交车去巴扎。

48 ① 小女孩儿掉了几滴眼泪。
② 山坡上下来两个打柴的。
③ 来尝尝这抓饭香不香。

49 ① 海棠花红红的。
② 晚饭点外卖吧。
③ 请把螺丝刀给我。

50 ① 她唱歌真好听!
② 照片收到了吗?
③ 文件发给你了。

51 ① 茶馆里坐了好多客人。
② 快把锅盖盖上。
③ 炉子上的水快开了。

52 ① 听听音乐,心情会好一点儿。
② 我们村离沙漠很近。
③ 中秋节吃月饼。

53 ① 过春节放鞭炮。
② 妈妈在屋里缝棉被。

③ 哥哥把围墙修了修。
54 ① 叔叔在仓库搬货呢。
② 端午节吃粽子。
③ 去给电动车充充电吧。
55 ① 她抖了抖地毯。
② 家里停电了。
③ 国庆节要升国旗。
56 ① 元宵节看花灯。
② 她们在跳广场舞。
③ 爷爷喜欢钓鱼。
57 ① 去看看医生就好了。
② 衣服晒干了。
③ 树枝被刮断了。
58 ① 别忘了给手机贴张膜。
② 把葡萄干收了吧。
③ 一起骑共享单车吧。
59 ① 乌云飘过来了。
② 大哥去浇了浇菜地。
③ 爷爷去下象棋了。
60 ① 听一听广播吧。
② 别忘了施肥。
③ 水井好深啊！
61 ① 把垃圾倒一下。
② 刮一刮胡子吧。
③ 新买的手机壳到了。
62 ① 别忘了买包盐。
② 请不要踩草坪。
③ 跑跑步锻炼一下吧。
63 ① 爷爷的拐杖在哪儿？
② 戴上手套洗碗吧。
③ 衣服皱巴巴的。
64 ① 一起来跳舞吧！
② 肚子不舒服吗？
③ 请对号入座。
65 ① 这棉被有点儿厚。
② 尝尝这条鱼。
③ 小鸡啄米呢。
66 ① 帽子被风刮跑了。
② 这个酸奶味道不错。
③ 去楼下晒晒被子吧。
67 ① 毛衣起球了。
② 擦擦皮鞋吧。
③ 老爷爷跟我们打招呼。
68 ① 他笑了笑，没说话。
② 鸽子飞得真高！
③ 三轮车丢了。
69 ① 去广场上看看喷泉吧。
② 西瓜熟了吗？
③ 邻居们去买年货了。
70 ① 整理一下菜地吧。
② 屋顶漏水了。
③ 他看了看相册。
71 ① 快松松土！
② 明天有拔河比赛。
③ 牛奶过期了吗？
72 ① 窗户没关好。
② 去喂喂牛吧。
③ 他看了看墙上的钟。

73 ① 玉米长高了。
② 蚯蚓被弟弟挖出来了。
③ 快试试新鞋子!
74 ① 他去药店买药了。
② 一起逛逛古城吧!
③ 泡点儿茶喝吧。
75 ① 给庄稼杀杀虫吧。
② 弟弟在刷短视频呢。
③ 网速真快啊!
76 ① 弟弟揉了揉眼睛。
② 我在网上买了一台冰箱。
③ 别忘了给花儿浇水!
77 ① 他在挤牛奶。
② 水洒到玻璃上了。
③ 多种些土豆比较好。
78 ① 把西瓜分一分。
② 路面都结冰了。
③ 足球场真大!
79 ① 河道需要清理一下。
② 病人醒过来了。
③ 新型号的无人机出厂了。
80 ① 许多车都脏了。
② 玉米要怎么存放呢?
③ 镰刀生锈了。
81 ① 他在看《新闻联播》。
② 这里的水干净吗?
③ 他正往杯子里倒茶呢。
82 ① 手烫出泡了吗?
② 你做了什么饭?
③ 你喜不喜欢踢球?
83 ① 地下室堆着很多旧家具。
② 桃花开满了枝头。
③ 鸡圈里的母鸡咯咯叫着。
84 ① 看样子他像个老板。
② 他打算当飞行员。
③ 哥哥的电脑和弟弟的一样。
85 ① 把窗帘拉开吧。
② 别忘了给手机充电。
③ 他拍了拍身上的灰。
86 ① 老人每天坚持跑步。
② 泉水从山上流下来。
③ 车队往雪山上开。
87 ① 周末他喜欢打打牌。
② 房顶漏水怎么办?
③ 要节约用电!
88 ① 今年夏天为什么这么热?
② 你知道酒店前台的电话号码吗?
③ 你知道超市的地址吧?
89 ① 快拿扫帚扫一扫。
② 他想从淘宝上买件衣服。
③ 爷爷的轮椅在哪儿?
90 ① 袜子破了个洞。
② 切个哈密瓜吃。
③ 病人怕着凉。
91 ① 白菜就剩一筐了。
② 工地上堆满了砖头。
③ 和朋友聊聊天儿很开心。

92 ① 我们加个微信吧！
② 太阳落山了。
③ 杯子上有各式各样的花纹。

93 ① 窗台上摆着一盆花。
② 今天送了两车煤。
③ 孩子把屋里搞得很乱。

94 ① 河水结冰了！
② 餐厅的茶具真漂亮！
③ 趁天气好去公园散散步吧。

95 ① 哪里有红色的布料？
② 昨天你没有到厂里去吗？
③ 你给谁打电话呢？

96 ① 展销会就要开始了。
② 那是新引进的机器人。
③ 窗外是金黄色的麦田。

97 ① 对联已经贴上了。
② 手里拿着个核桃。
③ 两个人舍不得离开。

98 ① 少放点儿盐吧！
② 请兽医来看看这只羊吧。
③ 收割机好新啊！

99 ① 天刚亮，他就起床了。
② 交警让司机把车停下。
③ 地震把屋子里的东西埋住了。

100 ① 桌子底下藏了个人。
② 这顿饭花了四十多块钱。
③ 这条铁路需要修一下。

答 案

第1单元

第1题

1②	2③	3①	4②	5③	6②	7①	8②	9③	10②
11①	12②	13③	14③	15①	16②	17③	18①	19①	20②
21③	22②	23③	24②	25②	26②	27①	28①	29①	30②
31①	32②	33③	34②	35①	36②	37③	38②	39①	40②
41③	42②	43①	44①	45③	46①	47①	48②	49③	50②
51②	52②	53③	54③	55①	56③	57①	58③	59①	60③
61①	62②	63①	64①	65③	66③	67①	68②	69①	70②
71②	72③	73③	74②	75②	76①	77③	78②	79②	80②
81③	82②	83①	84②	85①	86②	87①	88②	89②	90②
91②	92②	93③	94②	95①	96②	97①	98②	99①	100②

第2题

1①	2③	3②	4①	5③	6③	7③	8③	9①	10①
11①	12②	13③	14③	15①	16①	17③	18①	19③	20②
21①	22③	23①	24②	25③	26①	27②	28①	29①	30①
31③	32①	33③	34③	35②	36③	37②	38①	39③	40②
41②	42①	43②	44①	45③	46②	47②	48①	49①	50②
51①	52②	53①	54②	55②	56③	57③	58②	59①	60③
61②	62②	63①	64③	65①	66②	67①	68③	69②	70③
71①	72③	73③	74③	75②	76③	77③	78③	79②	80①
81③	82③	83②	84①	85③	86②	87②	88②	89③	90①
91①	92①	93②	94①	95②	96③	97①	98②	99③	100③

第3题

1①	2①	3②	4①	5②	6③	7②	8③	9②	10①
11②	12①	13②	14①	15①	16③	17②	18③	19②	20①
21②	22③	23③	24①	25②	26③	27③	28③	29③	30②
31③	32③	33③	34③	35③	36②	37②	38③	39②	40②
41②	42②	43②	44③	45③	46②	47③	48②	49③	50①

51 ①	52 ③	53 ②	54 ③	55 ①	56 ①	57 ②	58 ③	59 ③	60 ②
61 ①	62 ③	63 ②	64 ①	65 ②	66 ③	67 ②	68 ①	69 ③	70 ③
71 ②	72 ①	73 ①	74 ②	75 ③	76 ①	77 ③	78 ①	79 ②	80 ③
81 ②	82 ③	83 ①	84 ③	85 ②	86 ①	87 ③	88 ②	89 ③	90 ①
91 ②	92 ①	93 ③	94 ①	95 ③	96 ②	97 ③	98 ②	99 ③	100 ③

第4题

1 ②	2 ③	3 ①	4 ①	5 ③	6 ③	7 ②	8 ①	9 ②	10 ①
11 ①	12 ②	13 ①	14 ③	15 ①	16 ①	17 ②	18 ①	19 ①	20 ②
21 ①	22 ②	23 ③	24 ②	25 ②	26 ②	27 ①	28 ①	29 ①	30 ②
31 ②	32 ①	33 ②	34 ①	35 ②	36 ②	37 ③	38 ②	39 ②	40 ②
41 ③	42 ①	43 ③	44 ③	45 ③	46 ②	47 ①	48 ①	49 ②	50 ①
51 ③	52 ①	53 ①	54 ③	55 ②	56 ②	57 ①	58 ③	59 ②	60 ②
61 ③	62 ②	63 ①	64 ③	65 ②	66 ①	67 ①	68 ①	69 ③	70 ②
71 ①	72 ②	73 ③	74 ①	75 ②	76 ①	77 ①	78 ①	79 ③	80 ③
81 ②	82 ②	83 ①	84 ②	85 ②	86 ③	87 ③	88 ①	89 ②	90 ①
91 ②	92 ①	93 ①	94 ①	95 ②	96 ②	97 ①	98 ②	99 ②	100 ③

第5题

1 ③	2 ③	3 ②	4 ①	5 ③	6 ③	7 ②	8 ③	9 ③	10 ①
11 ②	12 ②	13 ①	14 ②	15 ③	16 ②	17 ①	18 ①	19 ①	20 ①
21 ①	22 ②	23 ①	24 ③	25 ①	26 ①	27 ②	28 ③	29 ③	30 ①
31 ③	32 ①	33 ②	34 ①	35 ③	36 ①	37 ②	38 ①	39 ③	40 ②
41 ②	42 ③	43 ②	44 ③	45 ③	46 ②	47 ②	48 ①	49 ①	50 ③
51 ①	52 ②	53 ①	54 ③	55 ②	56 ③	57 ②	58 ①	59 ③	60 ②
61 ③	62 ③	63 ①	64 ②	65 ②	66 ③	67 ①	68 ③	69 ②	70 ②
71 ③	72 ②	73 ③	74 ①	75 ②	76 ③	77 ②	78 ③	79 ②	80 ②
81 ②	82 ①	83 ②	84 ①	85 ③	86 ②	87 ③	88 ②	89 ①	90 ①
91 ②	92 ③	93 ③	94 ①	95 ②	96 ②	97 ①	98 ①	99 ③	100 ③

第2单元

第6题

1 ②	2 ①	3 ③	4 ②	5 ①	6 ①	7 ③	8 ②	9 ②	10 ①

11 ③	12 ②	13 ③	14 ③	15 ①	16 ③	17 ③	18 ③	19 ②	20 ③
21 ③	22 ②	23 ②	24 ①	25 ①	26 ①	27 ②	28 ③	29 ②	30 ②
31 ①	32 ②	33 ①	34 ②	35 ②	36 ③	37 ②	38 ③	39 ②	40 ③
41 ①	42 ①	43 ①	44 ①	45 ③	46 ②	47 ①	48 ②	49 ③	50 ③
51 ②	52 ②	53 ①	54 ①	55 ①	56 ①	57 ③	58 ③	59 ③	60 ②
61 ②	62 ②	63 ①	64 ③	65 ②	66 ③	67 ①	68 ②	69 ③	70 ①
71 ③	72 ②	73 ①	74 ①	75 ①	76 ①	77 ②	78 ①	79 ②	80 ②
81 ②	82 ③	83 ①	84 ②	85 ②	86 ②	87 ②	88 ③	89 ②	90 ③
91 ③	92 ③	93 ②	94 ②	95 ①	96 ③	97 ②	98 ③	99 ①	100 ②

第7题

1 ②	2 ②	3 ①	4 ②	5 ①	6 ③	7 ③	8 ①	9 ②	10 ③
11 ③	12 ②	13 ②	14 ①	15 ①	16 ③	17 ①	18 ②	19 ①	20 ①
21 ③	22 ③	23 ②	24 ③	25 ①	26 ①	27 ③	28 ②	29 ①	30 ②
31 ②	32 ①	33 ②	34 ①	35 ①	36 ③	37 ②	38 ②	39 ②	40 ①
41 ③	42 ①	43 ②	44 ③	45 ②	46 ①	47 ①	48 ③	49 ②	50 ③
51 ②	52 ①	53 ①	54 ②	55 ①	56 ③	57 ②	58 ③	59 ②	60 ①
61 ③	62 ③	63 ①	64 ①	65 ②	66 ①	67 ①	68 ①	69 ②	70 ③
71 ②	72 ②	73 ①	74 ③	75 ③	76 ②	77 ③	78 ②	79 ②	80 ③
81 ②	82 ②	83 ③	84 ①	85 ②	86 ③	87 ②	88 ①	89 ①	90 ②
91 ②	92 ①	93 ②	94 ③	95 ①	96 ③	97 ②	98 ③	99 ①	100 ③

第3单元

第8题

1 ①	2 ①	3 ②	4 ③	5 ③	6 ②	7 ②	8 ③	9 ③	10 ①
11 ②	12 ③	13 ③	14 ③	15 ②	16 ②	17 ③	18 ②	19 ①	20 ③
21 ③	22 ②	23 ③	24 ③	25 ②	26 ①	27 ③	28 ①	29 ③	30 ①
31 ②	32 ②	33 ③	34 ①	35 ②	36 ①	37 ③	38 ②	39 ①	40 ②
41 ①	42 ①	43 ②	44 ③	45 ③	46 ①	47 ②	48 ③	49 ①	50 ①
51 ①	52 ②	53 ①	54 ②	55 ③	56 ①	57 ③	58 ①	59 ③	60 ③
61 ①	62 ②	63 ③	64 ①	65 ②	66 ③	67 ①	68 ③	69 ②	70 ②
71 ①	72 ②	73 ③	74 ③	75 ①	76 ①	77 ③	78 ②	79 ①	80 ②
81 ③	82 ①	83 ③	84 ②	85 ①	86 ③	87 ③	88 ②	89 ①	90 ③
91 ①	92 ③	93 ①	94 ②	95 ③	96 ①	97 ②	98 ③	99 ②	100 ③

编者的话

学习国家通用语言文字，提升民族地区农牧民国家通用语言文字应用能力和科学文化素质，是实现边疆地区经济繁荣、社会稳定、长治久安的重要支撑，是铸牢中华民族共同体意识的重要路径。

学好国家通用语言文字，需要多学多练、多听多说，在生活中学习、在劳动中学习，持之以恒、坚持不懈；同时，还需要通过自我检测来了解学习进度，实现精准化学习和高效学习，进一步提升国家通用语言文字水平，达到全面掌握的目标。要做到这一切，口语学习是第一步。为此，我们编写了这套口语学习教程，通过听、读、说相结合的方式，帮助农牧民学好口语，达到“听得懂，说得出，能流利对话”的效果。在此基础上，进一步提升农牧民的国家通用语言文字应用能力，助力他们掌握中华优秀传统文化知识和现代化科学技术，为乡村振兴贡献力量，为民族团结添砖加瓦，为边疆繁荣昌盛做出积极贡献。

本套教程包括看图听音、互动会话和看图听音跟读三个分册。其中，看图听音分册另附一本“听力录音材料及答案”。本套教程以练习为主，通过图片和音频结合的形式帮助农牧民掌握日常词语和句子，通过听音跟读和互动问答的形式帮助农牧民提升会话能力。此外，教程通过简单易懂、重复滚动的方式，确保农牧民的学习效果。

本套教程具有如下特点：

1. 内容生活化：教程选取农牧民日常生产、生活中常用的词语和句子，确保他们能够学以致用，快速融入语言环境。

2. 形式多样化：教程采用丰富多样的学习形式，包括看图听音选择、听后跟读、互动问答、看图听音跟读等，既有趣又实用，能够激发学习兴趣，增强学习效果。

3. 表达口语化：教程注重口语表达的训练，采用通俗易懂、自然流畅的语言风格，帮助农牧民掌握地道的口语表达。

4. 场景实用化：教程的内容设计以实用为导向，针对不同场合提供相应的语言素材，切实提高农牧民的交际能力。

5. 手段科技化：教程借助现代科技手段，不仅有扫码听录音的功能，还配备手机端互动学习系统，支持在线学习、互动问答、实时测评等功能，可为农牧民带来便捷的学习体验。

农牧民使用本套教材时，既可以通过听音选择、跟读、回答问题等练习，循序渐进地提升国家通用语言文字应用能力；也可以根据自己的实际需求，灵活选择学习内容，进行个性化学习，从而更好地满足实际应用场景的交际需要。

学完本套教程后，农牧民可以基本掌握国家通用语言文字中常用的口语词语、句式和问答，具备日常交流能力，并能够运用简单的职业技能用语，为实际生活和工作打下坚实的语言基础。

本套教程的编写团队主要由新疆大学中国语言文学学院、国家语言文字推广基地（新疆大学）、国家社科基金重大项目“面向新疆义务教育的语言资源数据库建设及应用研究”（20&ZD293）课题组的老师和研究生组成。在此，我们对团队所有成员的辛勤付出表示衷心的感谢！新疆大学中国语言文学学院中语系教师刘林，中语系语言学专业的硕士研究生余祖鑫、赵佳煜、雒彤彤、别姣仪、陈先年、范雅妮、李志刚、马欢欣、马雪霞、马言超、任怡凡、唐伟、王昭旭、闫兴月、张妍、金永恒、刘水莲、马好冰等同学参加了本套教程初稿的编纂工作，特此感谢！最后，要感谢北京语言大学出版社的鼎力相助，特别是出版社领导和各位编辑为本套教程的出版倾注了大量心血，在此表示诚挚的谢意！

国家通用语言文字的学习和推广任重道远。编写团队始终以服务乡村振兴、促进民族团结为己任，致力于国家通用语言文字教学与推广工作。诚挚欢迎广大读者对本套教程提出宝贵意见和建议，帮助我们不断改进和完善。

目 录

第1单元

看图听音选词语（一）

本单元共包含5个题目，
每个题目包含100道强化练习题

第 1 题

说明：这部分一共包含 100 道练习题。在每道题目中，你会看到一张图，听到三个词语，其中只有一个是对图片的说明，请把它选出来。需要注意的是，你听到的是两个人的声音，一个人念题号，一个人念 ①②③ 三个词语。

扫一扫，1 ~ 100

1

①（ ） ②（ ） ③（ ）

2

①（ ） ②（ ） ③（ ）

3

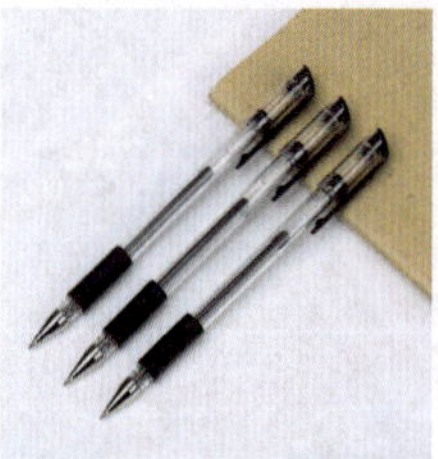

①（ ） ②（ ） ③（ ）

4

①（ ） ②（ ） ③（ ）

5

①（ ） ②（ ） ③（ ）

6

①（ ） ②（ ） ③（ ）

7

① (　　) ② (　　) ③ (　　)

8

① (　　) ② (　　) ③ (　　)

9

① (　　) ② (　　) ③ (　　)

10

① (　　) ② (　　) ③ (　　)

11

① (　　) ② (　　) ③ (　　)

12

① (　　) ② (　　) ③ (　　)

13

① (　　) ② (　　) ③ (　　)

14

① (　　) ② (　　) ③ (　　)

15

①（ ） ②（ ） ③（ ）

16

①（ ） ②（ ） ③（ ）

17

①（ ） ②（ ） ③（ ）

18

①（ ） ②（ ） ③（ ）

19

①（ ） ②（ ） ③（ ）

20

①（ ） ②（ ） ③（ ）

21

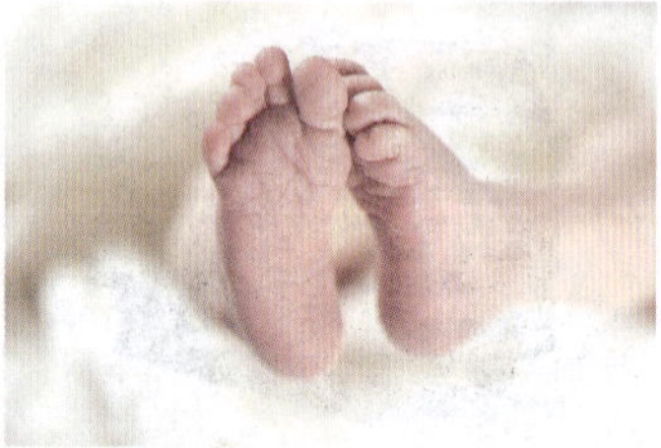

①（ ） ②（ ） ③（ ）

22

①（ ） ②（ ） ③（ ）

23

① (　　) ② (　　) ③ (　　)

24

① (　　) ② (　　) ③ (　　)

25

① (　　) ② (　　) ③ (　　)

26

① (　　) ② (　　) ③ (　　)

27

① (　　) ② (　　) ③ (　　)

28

① (　　) ② (　　) ③ (　　)

29

① (　　) ② (　　) ③ (　　)

30

① (　　) ② (　　) ③ (　　)

31

①（ ） ②（ ） ③（ ）

32

①（ ） ②（ ） ③（ ）

33

①（ ） ②（ ） ③（ ）

34

①（ ） ②（ ） ③（ ）

35

①（ ） ②（ ） ③（ ）

36

①（ ） ②（ ） ③（ ）

37

①（ ） ②（ ） ③（ ）

38

①（ ） ②（ ） ③（ ）

39

①(　　) ②(　　) ③(　　)

40

①(　　) ②(　　) ③(　　)

41

①(　　) ②(　　) ③(　　)

42

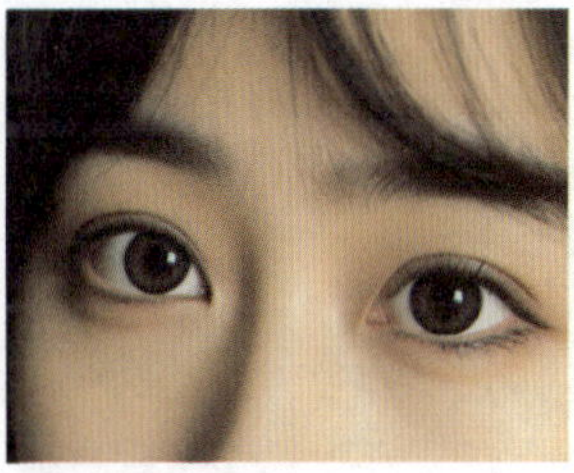

①(　　) ②(　　) ③(　　)

43

①(　　) ②(　　) ③(　　)

44

①(　　) ②(　　) ③(　　)

45

①(　　) ②(　　) ③(　　)

46

①(　　) ②(　　) ③(　　)

47

①（ ） ②（ ） ③（ ）

48

①（ ） ②（ ） ③（ ）

49

①（ ） ②（ ） ③（ ）

50

①（ ） ②（ ） ③（ ）

51

①（ ） ②（ ） ③（ ）

52

①（ ） ②（ ） ③（ ）

53

①（ ） ②（ ） ③（ ）

54

①（ ） ②（ ） ③（ ）

55

①(　　) ②(　　) ③(　　)

56

①(　　) ②(　　) ③(　　)

57

①(　　) ②(　　) ③(　　)

58

①(　　) ②(　　) ③(　　)

59

①(　　) ②(　　) ③(　　)

60

①(　　) ②(　　) ③(　　)

61

①(　　) ②(　　) ③(　　)

62

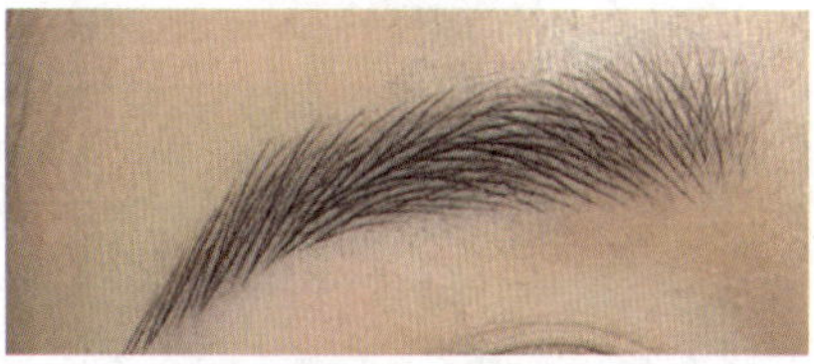

①(　　) ②(　　) ③(　　)

63

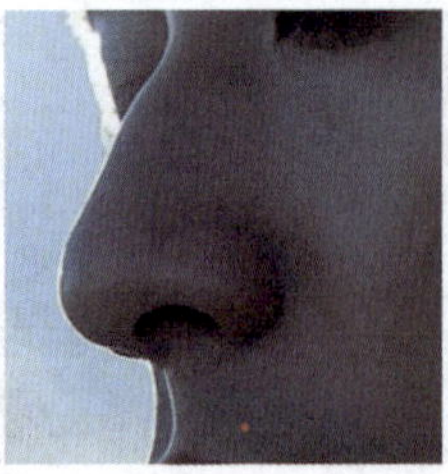

①（ ） ②（ ） ③（ ）

64

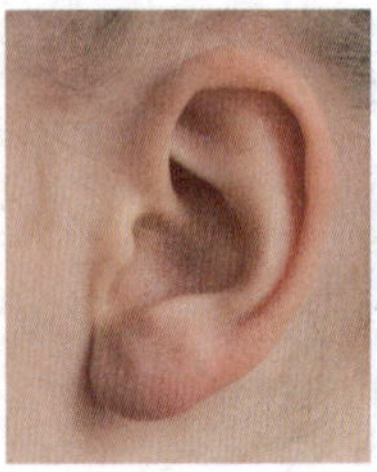

①（ ） ②（ ） ③（ ）

65

①（ ） ②（ ） ③（ ）

66

①（ ） ②（ ） ③（ ）

67

①（ ） ②（ ） ③（ ）

68

①（ ） ②（ ） ③（ ）

69

①（ ） ②（ ） ③（ ）

70

①（ ） ②（ ） ③（ ）

71

①（ ） ②（ ） ③（ ）

72

①（ ） ②（ ） ③（ ）

73

①（ ） ②（ ） ③（ ）

74

①（ ） ②（ ） ③（ ）

75

①（ ） ②（ ） ③（ ）

76

①（ ） ②（ ） ③（ ）

77

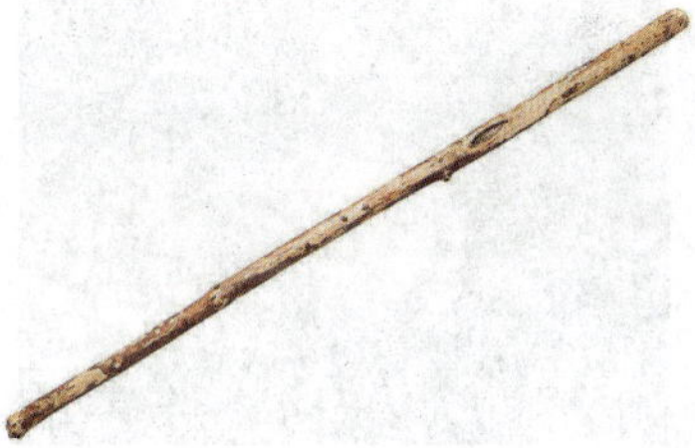

①（ ） ②（ ） ③（ ）

78

①（ ） ②（ ） ③（ ）

79

①（ ） ②（ ） ③（ ）

80

①（ ） ②（ ） ③（ ）

81

①（ ） ②（ ） ③（ ）

82

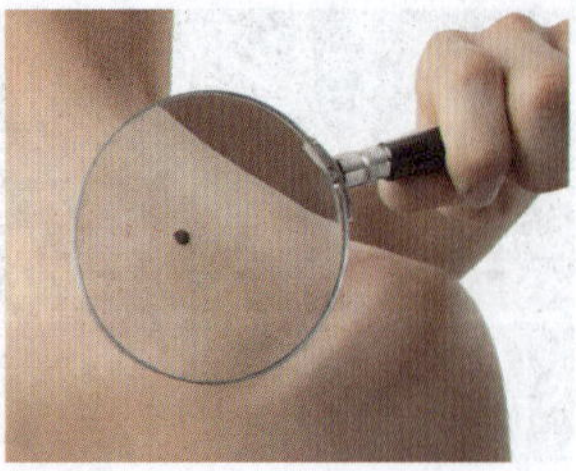

①（ ） ②（ ） ③（ ）

83

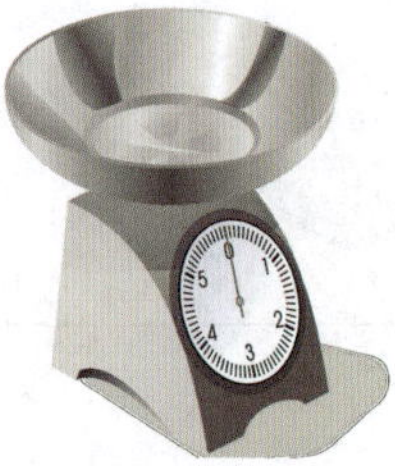

①（ ） ②（ ） ③（ ）

84

①（ ） ②（ ） ③（ ）

85

①（ ） ②（ ） ③（ ）

86

①（ ） ②（ ） ③（ ）

87

①（ ） ②（ ） ③（ ）

88

①（ ） ②（ ） ③（ ）

89

①（ ） ②（ ） ③（ ）

90

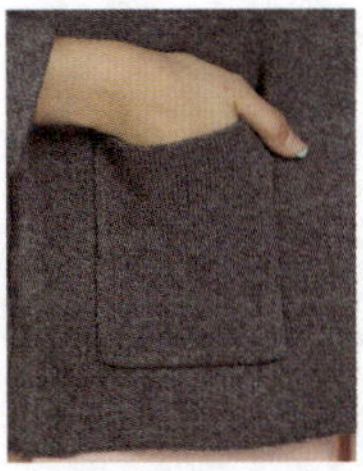

①（ ） ②（ ） ③（ ）

91

①（ ） ②（ ） ③（ ）

92

①（ ） ②（ ） ③（ ）

93

①（ ） ②（ ） ③（ ）

94

①（ ） ②（ ） ③（ ）

95

①（ ） ②（ ） ③（ ）

96

①（ ） ②（ ） ③（ ）

97

①（ ） ②（ ） ③（ ）

98

①（ ） ②（ ） ③（ ）

99

①（ ） ②（ ） ③（ ）

100

①（ ） ②（ ） ③（ ）

第 2 题

说明：这部分一共包含 100 道练习题。在每道题目中，你会看到一张图，听到三个词语，其中只有一个是对图片的说明，请把它选出来。需要注意的是，你听到的是两个人的声音，一个人念题号，一个人念 ①②③ 三个词语。

扫一扫，1 ～ 100

1

①（ ） ②（ ） ③（ ）

2

①（ ） ②（ ） ③（ ）

3

①（ ） ②（ ） ③（ ）

4

①（ ） ②（ ） ③（ ）

5

①（ ） ②（ ） ③（ ）

6

①（ ） ②（ ） ③（ ）

7

①（ ） ②（ ） ③（ ）

8

①（ ） ②（ ） ③（ ）

9

①（ ） ②（ ） ③（ ）

10

①（ ） ②（ ） ③（ ）

11

①（ ） ②（ ） ③（ ）

12

①（ ） ②（ ） ③（ ）

13

①（ ） ②（ ） ③（ ）

14

①（ ） ②（ ） ③（ ）

15

①（　　）②（　　）③（　　）

16

①（　　）②（　　）③（　　）

17

①（　　）②（　　）③（　　）

18

①（　　）②（　　）③（　　）

19

①（　　）②（　　）③（　　）

20

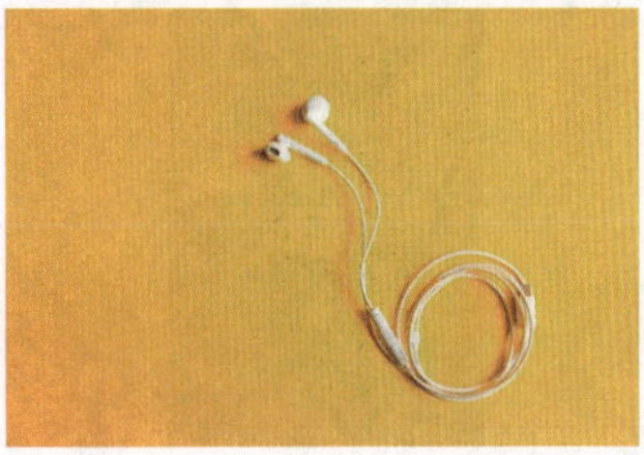

①（　　）②（　　）③（　　）

21

①（　　）②（　　）③（　　）

22

①（　　）②（　　）③（　　）

23

①（　　）　②（　　）　③（　　）

24

①（　　）　②（　　）　③（　　）

25

①（　　）　②（　　）　③（　　）

26

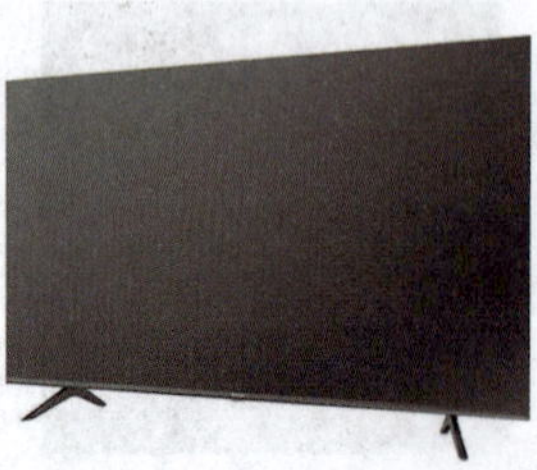

①（　　）　②（　　）　③（　　）

27

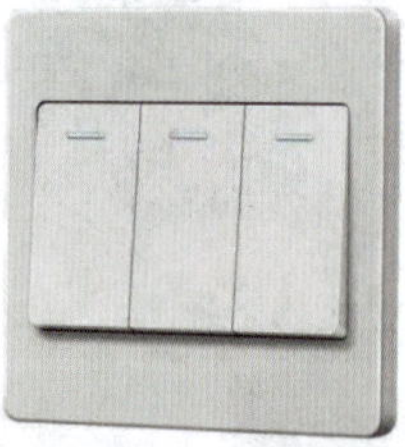

①（　　）　②（　　）　③（　　）

28

①（　　）　②（　　）　③（　　）

29

①（　　）　②（　　）　③（　　）

30

①（　　）　②（　　）　③（　　）

31

① (　　) ② (　　) ③ (　　)

32

① (　　) ② (　　) ③ (　　)

33

① (　　) ② (　　) ③ (　　)

34

① (　　) ② (　　) ③ (　　)

35

① (　　) ② (　　) ③ (　　)

36

① (　　) ② (　　) ③ (　　)

37

① (　　) ② (　　) ③ (　　)

38

① (　　) ② (　　) ③ (　　)

39

① (　　)　② (　　)　③ (　　)

40

① (　　)　② (　　)　③ (　　)

41

① (　　)　② (　　)　③ (　　)

42

① (　　)　② (　　)　③ (　　)

43

① (　　)　② (　　)　③ (　　)

44

① (　　)　② (　　)　③ (　　)

45

① (　　)　② (　　)　③ (　　)

46

① (　　)　② (　　)　③ (　　)

47

①（　　）　②（　　）　③（　　）

48

①（　　）　②（　　）　③（　　）

49

①（　　）　②（　　）　③（　　）

50

①（　　）　②（　　）　③（　　）

51

①（　　）　②（　　）　③（　　）

52

①（　　）　②（　　）　③（　　）

53

①（　　）　②（　　）　③（　　）

54

①（　　）　②（　　）　③（　　）

55

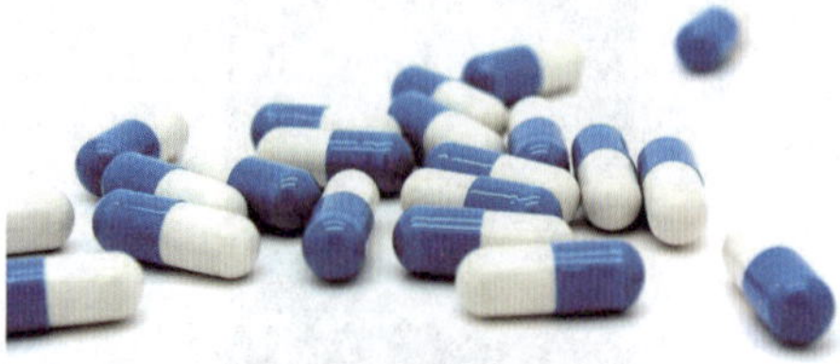

①（ ） ②（ ） ③（ ）

56

①（ ） ②（ ） ③（ ）

57

①（ ） ②（ ） ③（ ）

58

①（ ） ②（ ） ③（ ）

59

①（ ） ②（ ） ③（ ）

60

①（ ） ②（ ） ③（ ）

61

①（ ） ②（ ） ③（ ）

62

①（ ） ②（ ） ③（ ）

63

①（ ） ②（ ） ③（ ）

64

①（ ） ②（ ） ③（ ）

65

①（ ） ②（ ） ③（ ）

66

①（ ） ②（ ） ③（ ）

67

①（ ） ②（ ） ③（ ）

68

①（ ） ②（ ） ③（ ）

69

①（ ） ②（ ） ③（ ）

70

①（ ） ②（ ） ③（ ）

71

① (　　) ② (　　) ③ (　　)

72

① (　　) ② (　　) ③ (　　)

73

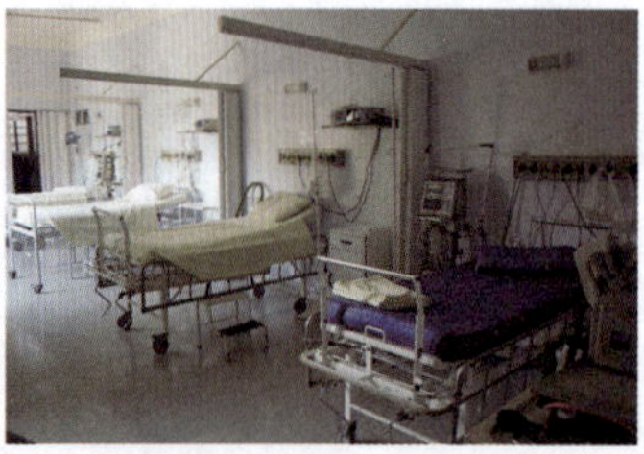

① (　　) ② (　　) ③ (　　)

74

① (　　) ② (　　) ③ (　　)

75

① (　　) ② (　　) ③ (　　)

76

① (　　) ② (　　) ③ (　　)

77

① (　　) ② (　　) ③ (　　)

78

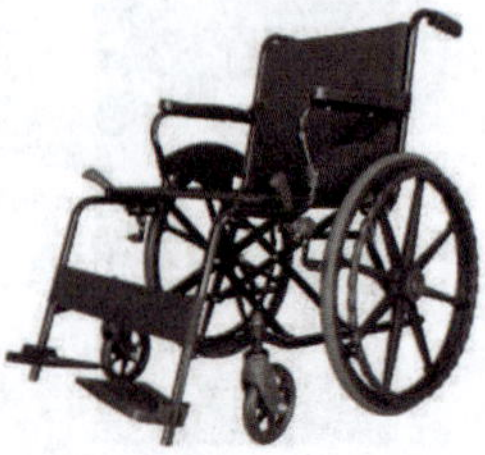

① (　　) ② (　　) ③ (　　)

79

①（ ） ②（ ） ③（ ）

80

①（ ） ②（ ） ③（ ）

81

①（ ） ②（ ） ③（ ）

82

①（ ） ②（ ） ③（ ）

83

①（ ） ②（ ） ③（ ）

84

①（ ） ②（ ） ③（ ）

85

①（ ） ②（ ） ③（ ）

86

①（ ） ②（ ） ③（ ）

87

① (　　) ② (　　) ③ (　　)

88

① (　　) ② (　　) ③ (　　)

89

① (　　) ② (　　) ③ (　　)

90

① (　　) ② (　　) ③ (　　)

91

① (　　) ② (　　) ③ (　　)

92

① (　　) ② (　　) ③ (　　)

93

① (　　) ② (　　) ③ (　　)

94

① (　　) ② (　　) ③ (　　)

95

①（　　）　②（　　）　③（　　）

96

①（　　）　②（　　）　③（　　）

97

①（　　）　②（　　）　③（　　）

98

①（　　）　②（　　）　③（　　）

99

①（　　）　②（　　）　③（　　）

100

①（　　）　②（　　）　③（　　）

第3题

说明：这部分一共包含100道练习题。在每道题目中，你会看到一张图，听到三个词语，其中只有一个是对图片的说明，请把它选出来。需要注意的是，你听到的是两个人的声音，一个人念题号，一个人念①②③三个词语。

扫一扫，🎧 1～100

1

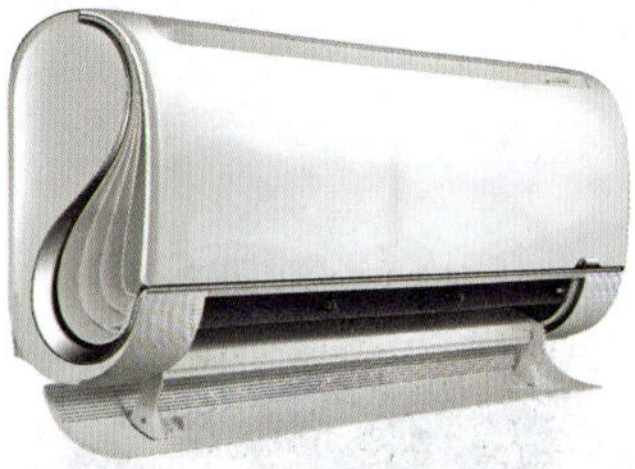

①（　　）②（　　）③（　　）

2

①（　　）②（　　）③（　　）

3

①（　　）②（　　）③（　　）

4

①（　　）②（　　）③（　　）

5

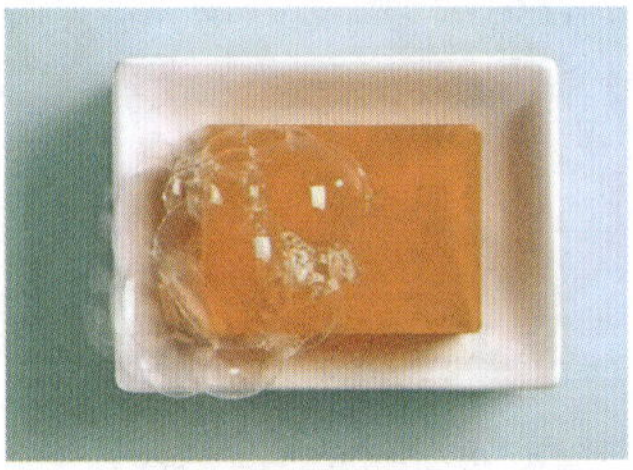

①（　　）②（　　）③（　　）

6

①（　　）②（　　）③（　　）

7

①(　　) ②(　　) ③(　　)

8

①(　　) ②(　　) ③(　　)

9

①(　　) ②(　　) ③(　　)

10

①(　　) ②(　　) ③(　　)

11

①(　　) ②(　　) ③(　　)

12

①(　　) ②(　　) ③(　　)

13

①(　　) ②(　　) ③(　　)

14

①(　　) ②(　　) ③(　　)

15

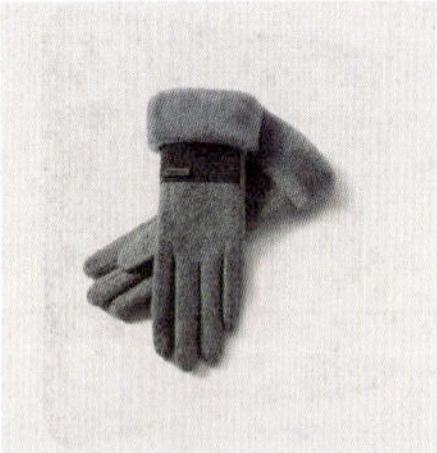

①（ ） ②（ ） ③（ ）

16

①（ ） ②（ ） ③（ ）

17

①（ ） ②（ ） ③（ ）

18

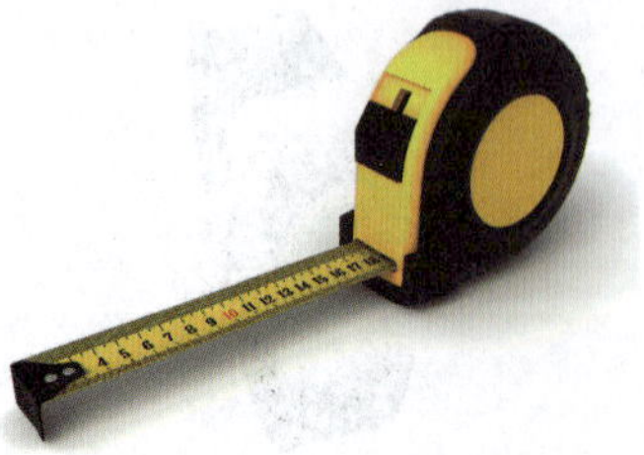

①（ ） ②（ ） ③（ ）

19

①（ ） ②（ ） ③（ ）

20

①（ ） ②（ ） ③（ ）

21

①（ ） ②（ ） ③（ ）

22

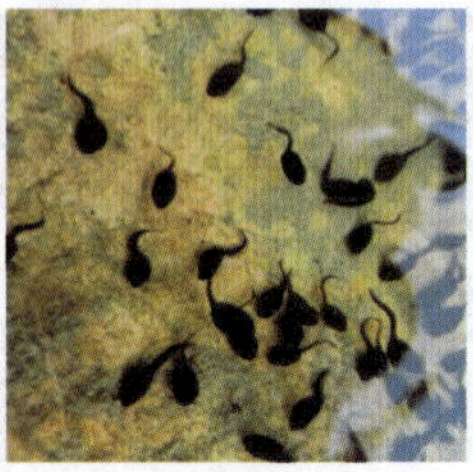

①（ ） ②（ ） ③（ ）

23

①（ ） ②（ ） ③（ ）

24

①（ ） ②（ ） ③（ ）

25

①（ ） ②（ ） ③（ ）

26

①（ ） ②（ ） ③（ ）

27

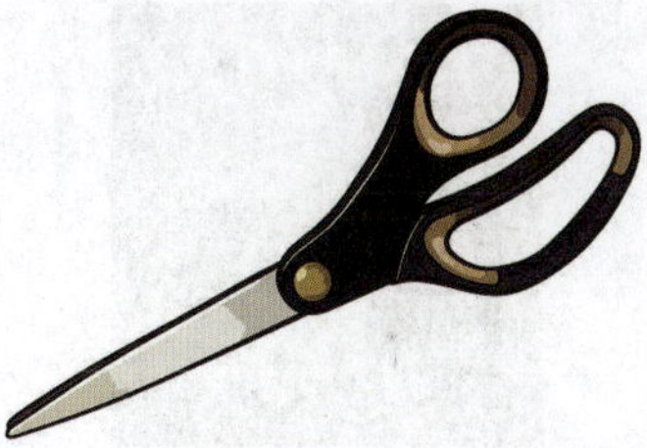

①（ ） ②（ ） ③（ ）

28

①（ ） ②（ ） ③（ ）

29

①（ ） ②（ ） ③（ ）

30

①（ ） ②（ ） ③（ ）

31

①（ ） ②（ ） ③（ ）

32

①（ ） ②（ ） ③（ ）

33

①（ ） ②（ ） ③（ ）

34

①（ ） ②（ ） ③（ ）

35

①（ ） ②（ ） ③（ ）

36

①（ ） ②（ ） ③（ ）

37

①（ ） ②（ ） ③（ ）

38

①（ ） ②（ ） ③（ ）

39

①（ ） ②（ ） ③（ ）

43

①（ ） ②（ ） ③（ ）

40

①（ ） ②（ ） ③（ ）

44

①（ ） ②（ ） ③（ ）

41

①（ ） ②（ ） ③（ ）

45

①（ ） ②（ ） ③（ ）

42

①（ ） ②（ ） ③（ ）

46

①（ ） ②（ ） ③（ ）

47

①（ ） ②（ ） ③（ ）

48

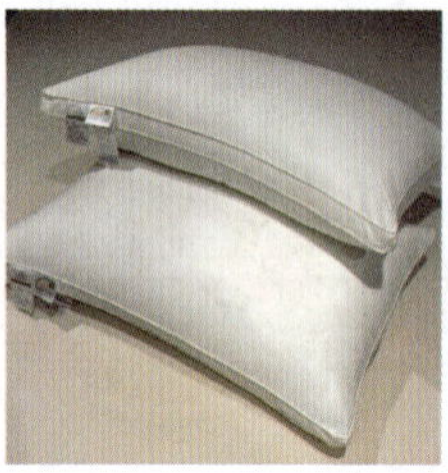

①（ ） ②（ ） ③（ ）

49

①（ ） ②（ ） ③（ ）

50

①（ ） ②（ ） ③（ ）

51

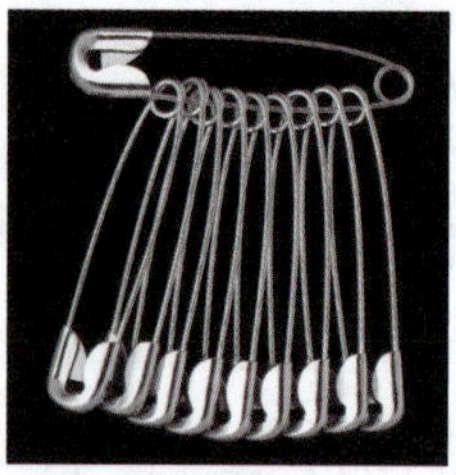

①（ ） ②（ ） ③（ ）

52

①（ ） ②（ ） ③（ ）

53

①（ ） ②（ ） ③（ ）

54

①（ ） ②（ ） ③（ ）

55

① (　　) ② (　　) ③ (　　)

56

① (　　) ② (　　) ③ (　　)

57

① (　　) ② (　　) ③ (　　)

58

① (　　) ② (　　) ③ (　　)

59

① (　　) ② (　　) ③ (　　)

60

① (　　) ② (　　) ③ (　　)

61

① (　　) ② (　　) ③ (　　)

62

① (　　) ② (　　) ③ (　　)

63

① (　　) ② (　　) ③ (　　)

64

① (　　) ② (　　) ③ (　　)

65

① (　　) ② (　　) ③ (　　)

66

① (　　) ② (　　) ③ (　　)

67

① (　　) ② (　　) ③ (　　)

68

① (　　) ② (　　) ③ (　　)

69

① (　　) ② (　　) ③ (　　)

70

① (　　) ② (　　) ③ (　　)

71

① (　　) ② (　　) ③ (　　)

72

① (　　) ② (　　) ③ (　　)

73

① (　　) ② (　　) ③ (　　)

74

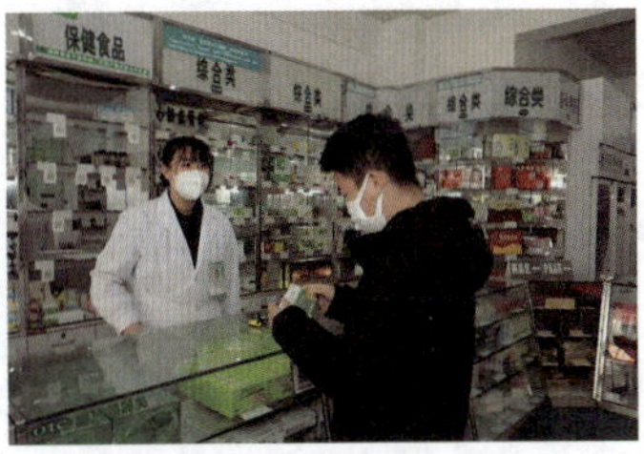

① (　　) ② (　　) ③ (　　)

75

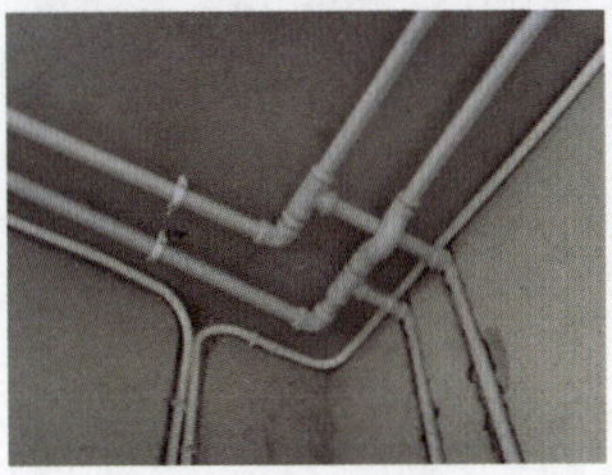

① (　　) ② (　　) ③ (　　)

76

① (　　) ② (　　) ③ (　　)

77

① (　　) ② (　　) ③ (　　)

78

① (　　) ② (　　) ③ (　　)

79

①（　　）　②（　　）　③（　　）

80

①（　　）　②（　　）　③（　　）

81

①（　　）　②（　　）　③（　　）

82

①（　　）　②（　　）　③（　　）

83

①（　　）　②（　　）　③（　　）

84

①（　　）　②（　　）　③（　　）

85

①（　　）　②（　　）　③（　　）

86

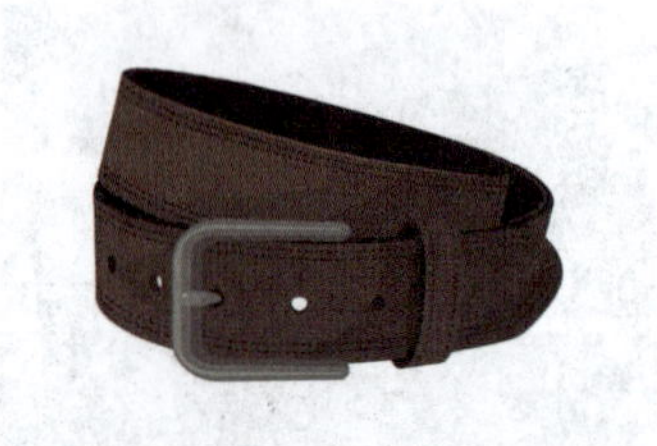

①（　　）　②（　　）　③（　　）

87

①(　　)　②(　　)　③(　　)

88

①(　　)　②(　　)　③(　　)

89

①(　　)　②(　　)　③(　　)

90

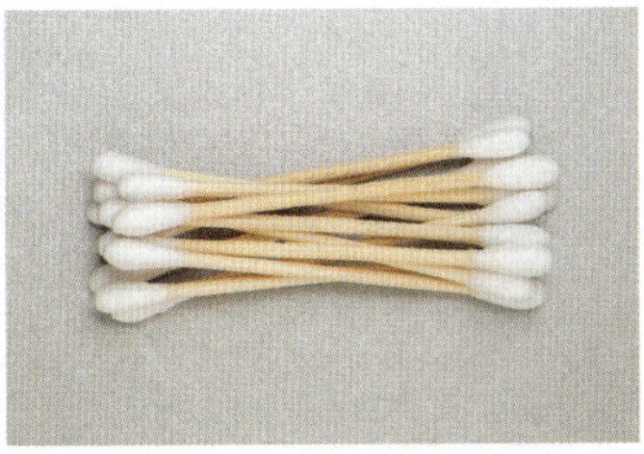

①(　　)　②(　　)　③(　　)

91

①(　　)　②(　　)　③(　　)

92

①(　　)　②(　　)　③(　　)

93

①(　　)　②(　　)　③(　　)

94

①(　　)　②(　　)　③(　　)

95

①（ ） ②（ ） ③（ ）

96

①（ ） ②（ ） ③（ ）

97

①（ ） ②（ ） ③（ ）

98

①（ ） ②（ ） ③（ ）

99

①（ ） ②（ ） ③（ ）

100

①（ ） ②（ ） ③（ ）

第 4 题

说明：这部分一共包含 100 道练习题。在每道题目中，你会看到一张图，听到三个词语，其中只有一个是对图片的说明，请把它选出来。需要注意的是，你听到的是两个人的声音，一个人念题号，一个人念 ①②③ 三个词语。

扫一扫，🎧 1 ~ 100

1

①（ ） ②（ ） ③（ ）

2

①（ ） ②（ ） ③（ ）

3

①（ ） ②（ ） ③（ ）

4

①（ ） ②（ ） ③（ ）

5

①（ ） ②（ ） ③（ ）

6

①（ ） ②（ ） ③（ ）

7

①（ ） ②（ ） ③（ ）

8

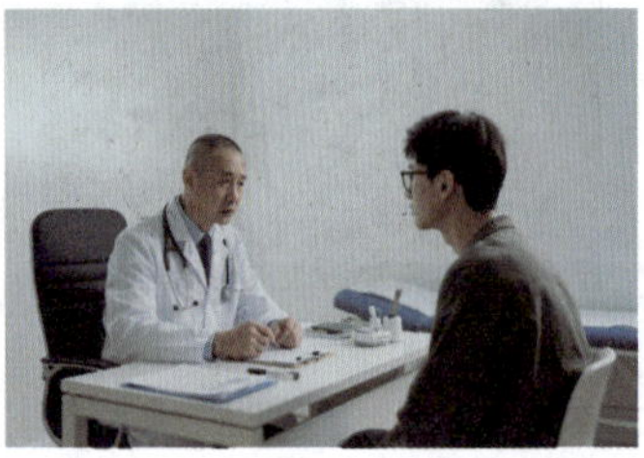

①（ ） ②（ ） ③（ ）

9

①（ ） ②（ ） ③（ ）

10

①（ ） ②（ ） ③（ ）

11

①（ ） ②（ ） ③（ ）

12

①（ ） ②（ ） ③（ ）

13

①（ ） ②（ ） ③（ ）

14

①（ ） ②（ ） ③（ ）

15

① (　　) ② (　　) ③ (　　)

16

① (　　) ② (　　) ③ (　　)

17

① (　　) ② (　　) ③ (　　)

18

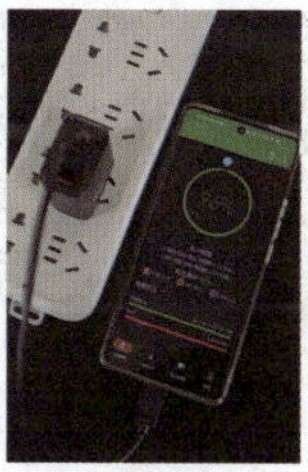

① (　　) ② (　　) ③ (　　)

19

① (　　) ② (　　) ③ (　　)

20

① (　　) ② (　　) ③ (　　)

21

① (　　) ② (　　) ③ (　　)

22

① (　　) ② (　　) ③ (　　)

23

①（　　） ②（　　） ③（　　）

24

①（　　） ②（　　） ③（　　）

25

①（　　） ②（　　） ③（　　）

26

①（　　） ②（　　） ③（　　）

27

①（　　） ②（　　） ③（　　）

28

①（　　） ②（　　） ③（　　）

29

①（　　） ②（　　） ③（　　）

30

①（　　） ②（　　） ③（　　）

31

①（ ） ②（ ） ③（ ）

32

①（ ） ②（ ） ③（ ）

33

①（ ） ②（ ） ③（ ）

34

①（ ） ②（ ） ③（ ）

35

①（ ） ②（ ） ③（ ）

36

①（ ） ②（ ） ③（ ）

37

①（ ） ②（ ） ③（ ）

38

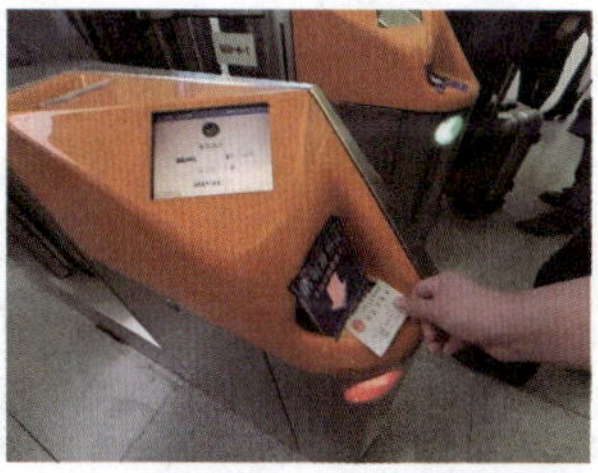

①（ ） ②（ ） ③（ ）

39

① (　　)　② (　　)　③ (　　)

40

① (　　)　② (　　)　③ (　　)

41

① (　　)　② (　　)　③ (　　)

42

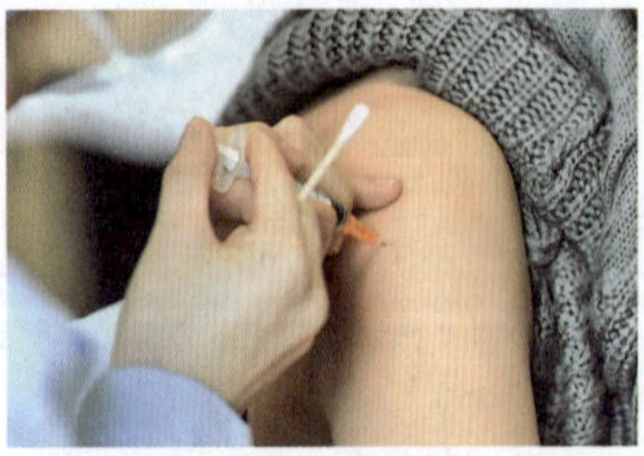

① (　　)　② (　　)　③ (　　)

43

① (　　)　② (　　)　③ (　　)

44

① (　　)　② (　　)　③ (　　)

45

① (　　)　② (　　)　③ (　　)

46

① (　　)　② (　　)　③ (　　)

47

①（　　）　②（　　）　③（　　）

48

①（　　）　②（　　）　③（　　）

49

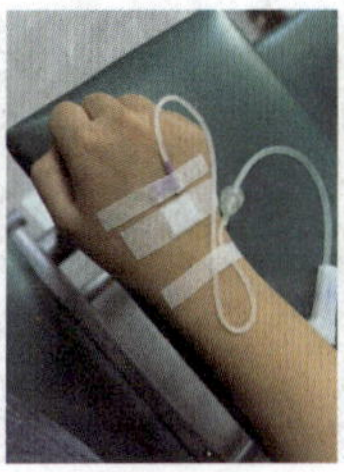

①（　　）　②（　　）　③（　　）

50

①（　　）　②（　　）　③（　　）

51

①（　　）　②（　　）　③（　　）

52

①（　　）　②（　　）　③（　　）

53

①（　　）　②（　　）　③（　　）

54

①（　　）　②（　　）　③（　　）

55

①（ ） ②（ ） ③（ ）

56

①（ ） ②（ ） ③（ ）

57

①（ ） ②（ ） ③（ ）

58

①（ ） ②（ ） ③（ ）

59

①（ ） ②（ ） ③（ ）

60

①（ ） ②（ ） ③（ ）

61

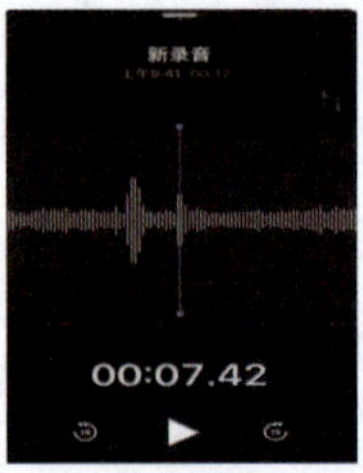

①（ ） ②（ ） ③（ ）

62

①（ ） ②（ ） ③（ ）

63

① (　　) ② (　　) ③ (　　)

64

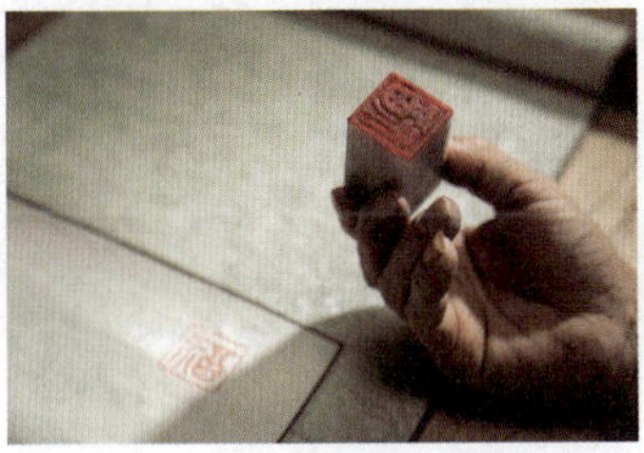

① (　　) ② (　　) ③ (　　)

65

① (　　) ② (　　) ③ (　　)

66

① (　　) ② (　　) ③ (　　)

67

① (　　) ② (　　) ③ (　　)

68

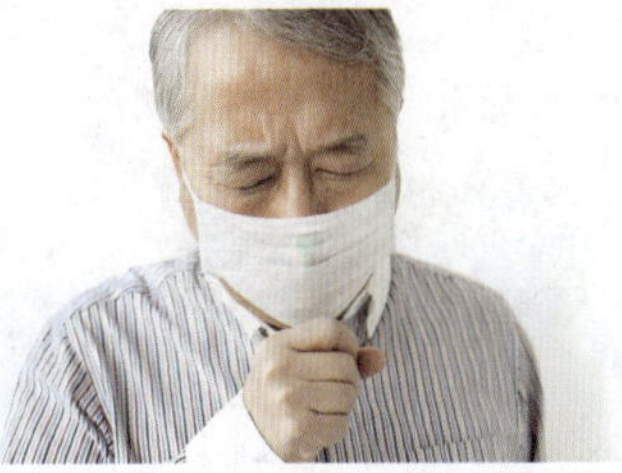

① (　　) ② (　　) ③ (　　)

69

① (　　) ② (　　) ③ (　　)

70

① (　　) ② (　　) ③ (　　)

71

①（ ） ②（ ） ③（ ）

72

①（ ） ②（ ） ③（ ）

73

①（ ） ②（ ） ③（ ）

74

①（ ） ②（ ） ③（ ）

75

①（ ） ②（ ） ③（ ）

76

①（ ） ②（ ） ③（ ）

77

①（ ） ②（ ） ③（ ）

78

①（ ） ②（ ） ③（ ）

79

①（ ） ②（ ） ③（ ）

80

①（ ） ②（ ） ③（ ）

81

①（ ） ②（ ） ③（ ）

82

①（ ） ②（ ） ③（ ）

83

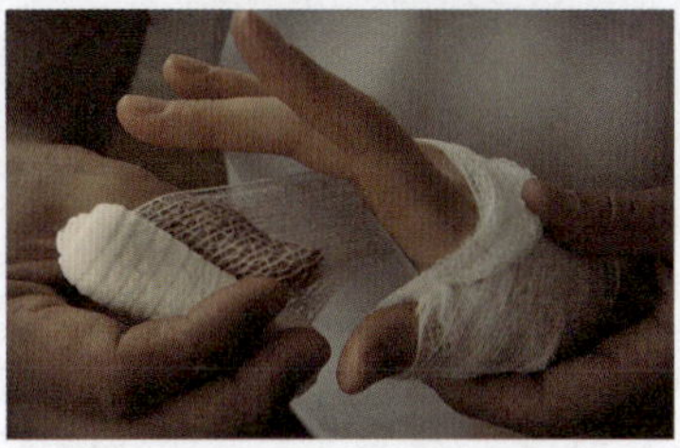

①（ ） ②（ ） ③（ ）

84

①（ ） ②（ ） ③（ ）

85

①（ ） ②（ ） ③（ ）

86

①（ ） ②（ ） ③（ ）

87

①（ ） ②（ ） ③（ ）

88

①（ ） ②（ ） ③（ ）

89

①（ ） ②（ ） ③（ ）

90

①（ ） ②（ ） ③（ ）

91

①（ ） ②（ ） ③（ ）

92

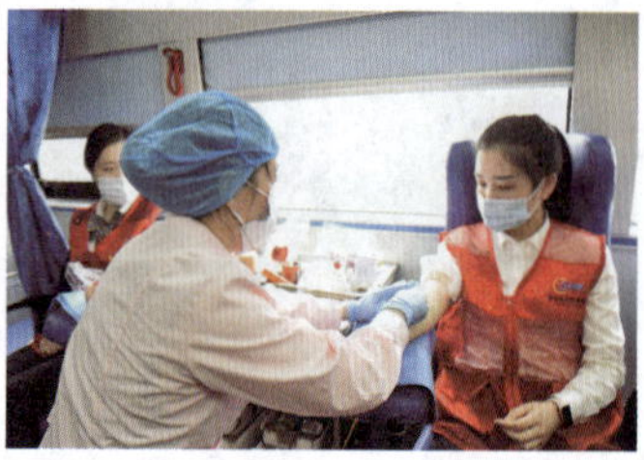

①（ ） ②（ ） ③（ ）

93

①（ ） ②（ ） ③（ ）

94

①（ ） ②（ ） ③（ ）

95

① (　　) ② (　　) ③ (　　)

96

① (　　) ② (　　) ③ (　　)

97

① (　　) ② (　　) ③ (　　)

98

① (　　) ② (　　) ③ (　　)

99

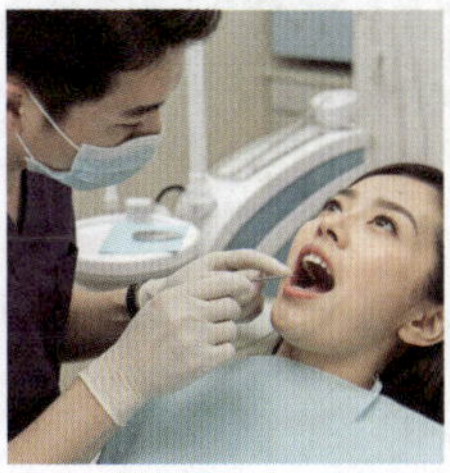

① (　　) ② (　　) ③ (　　)

100

① (　　) ② (　　) ③ (　　)

第5题

说明：这部分一共包含100道练习题。在每道题目中，你会看到一张图，听到三个词语，其中只有一个是对图片的说明，请把它选出来。需要注意的是，你听到的是两个人的声音，一个人念题号，一个人念①②③三个词语。

扫一扫，1～100

1

①（　　）②（　　）③（　　）

2

①（　　）②（　　）③（　　）

3

①（　　）②（　　）③（　　）

4

①（　　）②（　　）③（　　）

5

①（　　）②（　　）③（　　）

6

①（　　）②（　　）③（　　）

7

①（ ） ②（ ） ③（ ）

8

①（ ） ②（ ） ③（ ）

9

①（ ） ②（ ） ③（ ）

10

①（ ） ②（ ） ③（ ）

11

①（ ） ②（ ） ③（ ）

12

①（ ） ②（ ） ③（ ）

13

①（ ） ②（ ） ③（ ）

14

①（ ） ②（ ） ③（ ）

15

①（ ） ②（ ） ③（ ）

16

①（ ） ②（ ） ③（ ）

17

①（ ） ②（ ） ③（ ）

18

①（ ） ②（ ） ③（ ）

19

①（ ） ②（ ） ③（ ）

20

①（ ） ②（ ） ③（ ）

21

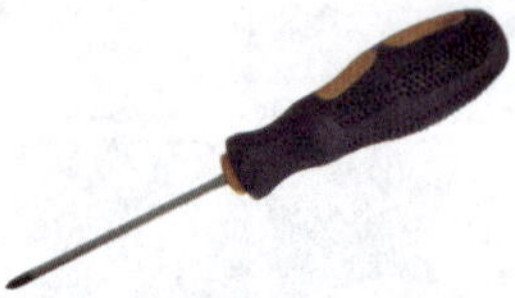

①（ ） ②（ ） ③（ ）

22

①（ ） ②（ ） ③（ ）

23

① (　　) ② (　　) ③ (　　)

24

① (　　) ② (　　) ③ (　　)

25

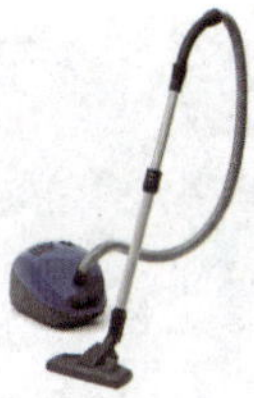

① (　　) ② (　　) ③ (　　)

26

① (　　) ② (　　) ③ (　　)

27

① (　　) ② (　　) ③ (　　)

28

① (　　) ② (　　) ③ (　　)

29

① (　　) ② (　　) ③ (　　)

30

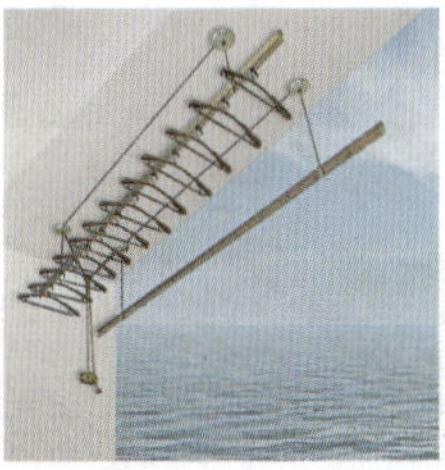

① (　　) ② (　　) ③ (　　)

31

①（　　）　②（　　）　③（　　）

32

①（　　）　②（　　）　③（　　）

33

①（　　）　②（　　）　③（　　）

34

①（　　）　②（　　）　③（　　）

35

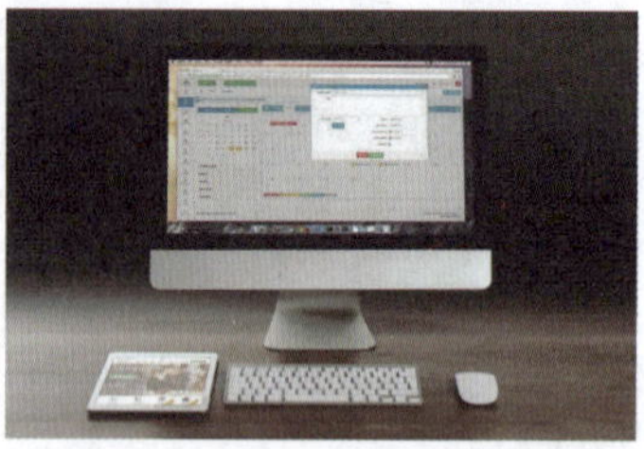

①（　　）　②（　　）　③（　　）

36

①（　　）　②（　　）　③（　　）

37

①（　　）　②（　　）　③（　　）

38

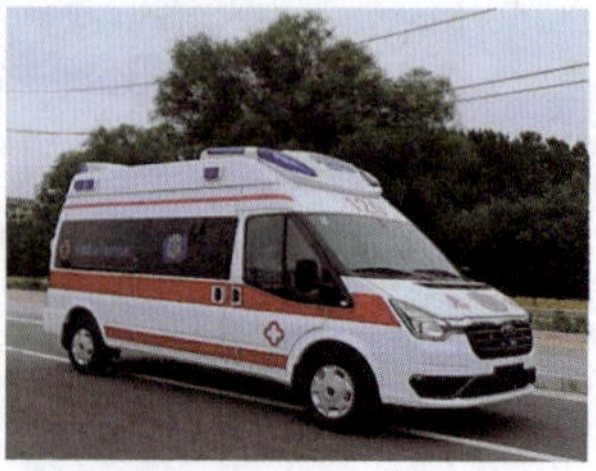

①（　　）　②（　　）　③（　　）

39

①（　　）　②（　　）　③（　　）

40

①（　　）　②（　　）　③（　　）

41

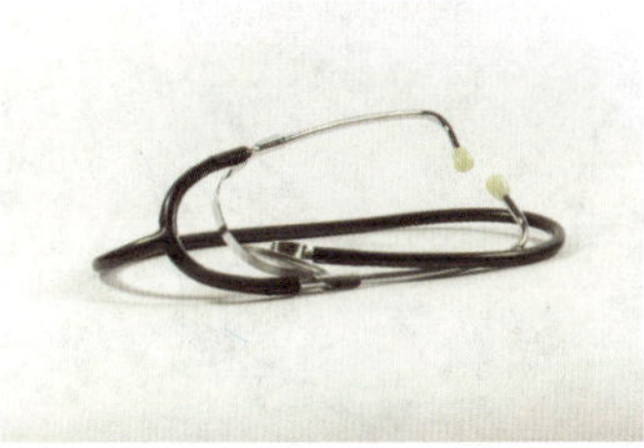

①（　　）　②（　　）　③（　　）

42

①（　　）　②（　　）　③（　　）

43

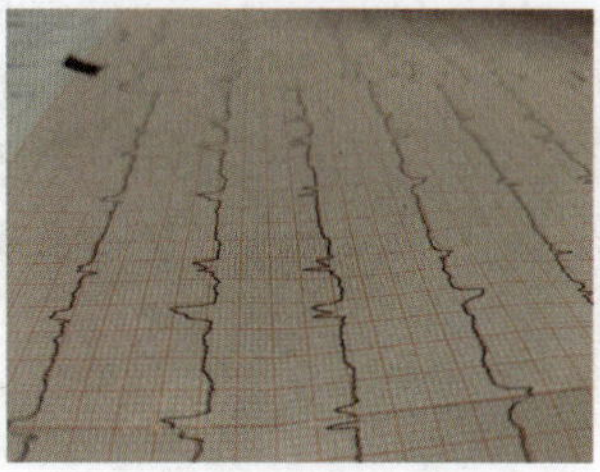

①（　　）　②（　　）　③（　　）

44

①（　　）　②（　　）　③（　　）

45

①（　　）　②（　　）　③（　　）

46

①（　　）　②（　　）　③（　　）

47

①（ ） ②（ ） ③（ ）

48

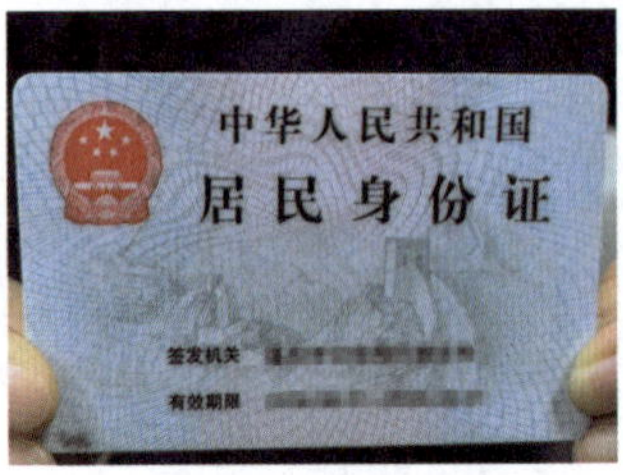

①（ ） ②（ ） ③（ ）

49

①（ ） ②（ ） ③（ ）

50

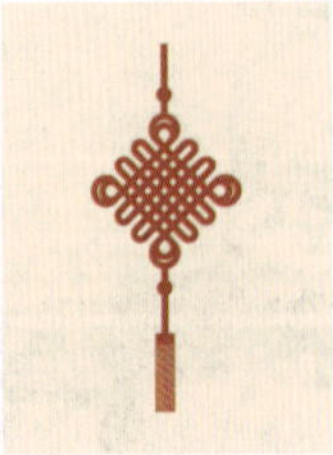

①（ ） ②（ ） ③（ ）

51

①（ ） ②（ ） ③（ ）

52

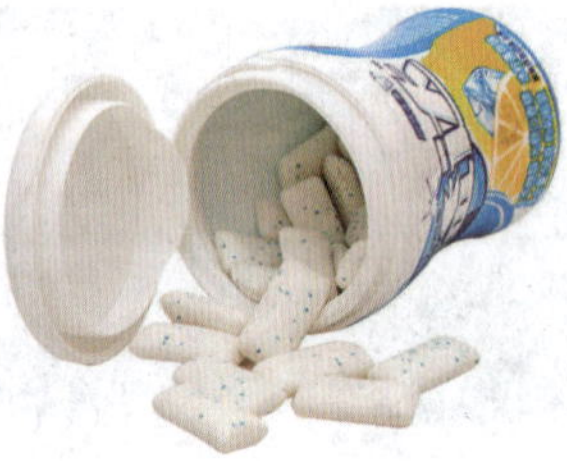

①（ ） ②（ ） ③（ ）

53

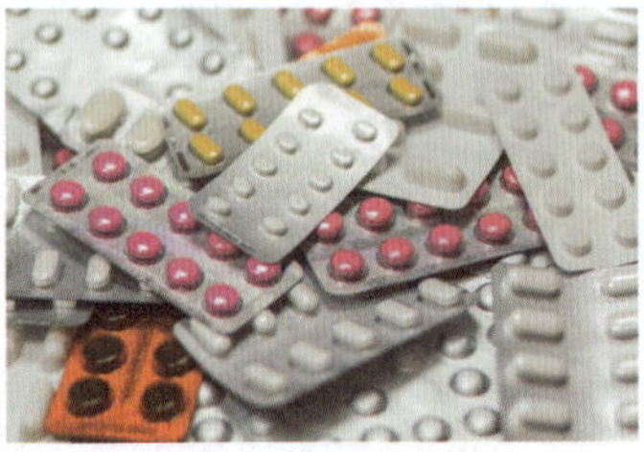

①（ ） ②（ ） ③（ ）

54

①（ ） ②（ ） ③（ ）

55

① (　　) ② (　　) ③ (　　)

56

① (　　) ② (　　) ③ (　　)

57

① (　　) ② (　　) ③ (　　)

58

① (　　) ② (　　) ③ (　　)

59

① (　　) ② (　　) ③ (　　)

60

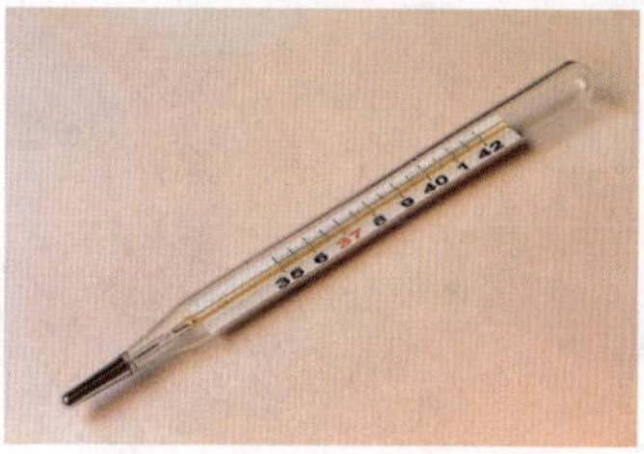

① (　　) ② (　　) ③ (　　)

61

① (　　) ② (　　) ③ (　　)

62

① (　　) ② (　　) ③ (　　)

63

①（　　）　②（　　）　③（　　）

64

①（　　）　②（　　）　③（　　）

65

①（　　）　②（　　）　③（　　）

66

①（　　）　②（　　）　③（　　）

67

①（　　）　②（　　）　③（　　）

68

①（　　）　②（　　）　③（　　）

69

①（　　）　②（　　）　③（　　）

70

①（　　）　②（　　）　③（　　）

71

①(　　)　②(　　)　③(　　)

72

①(　　)　②(　　)　③(　　)

73

①(　　)　②(　　)　③(　　)

74

①(　　)　②(　　)　③(　　)

75

①(　　)　②(　　)　③(　　)

76

①(　　)　②(　　)　③(　　)

77

①(　　)　②(　　)　③(　　)

78

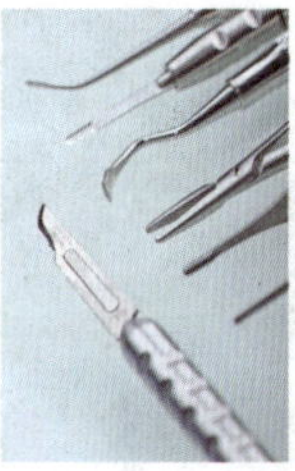

①(　　)　②(　　)　③(　　)

79

①（ ） ②（ ） ③（ ）

80

①（ ） ②（ ） ③（ ）

81

①（ ） ②（ ） ③（ ）

82

①（ ） ②（ ） ③（ ）

83

①（ ） ②（ ） ③（ ）

84

①（ ） ②（ ） ③（ ）

85

①（ ） ②（ ） ③（ ）

86

①（ ） ②（ ） ③（ ）

87

①（　　）②（　　）③（　　）

88

①（　　）②（　　）③（　　）

89

①（　　）②（　　）③（　　）

90

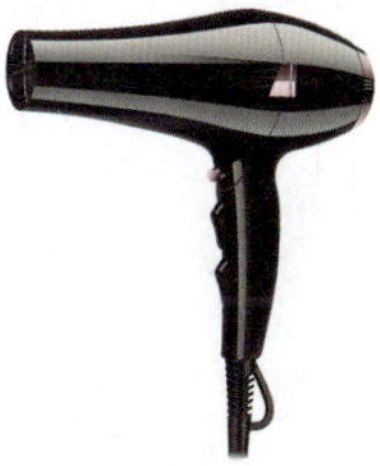

①（　　）②（　　）③（　　）

91

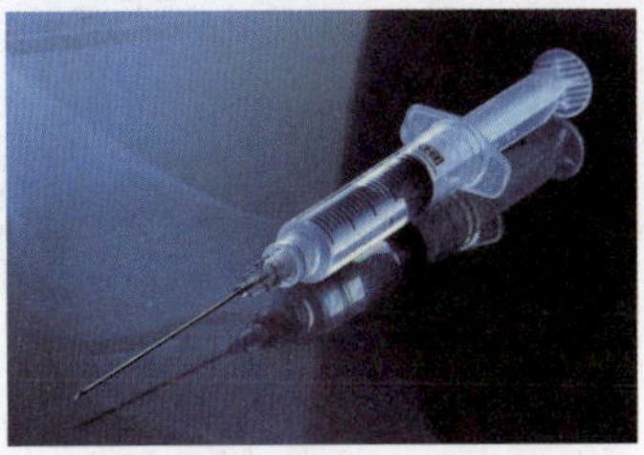

①（　　）②（　　）③（　　）

92

①（　　）②（　　）③（　　）

93

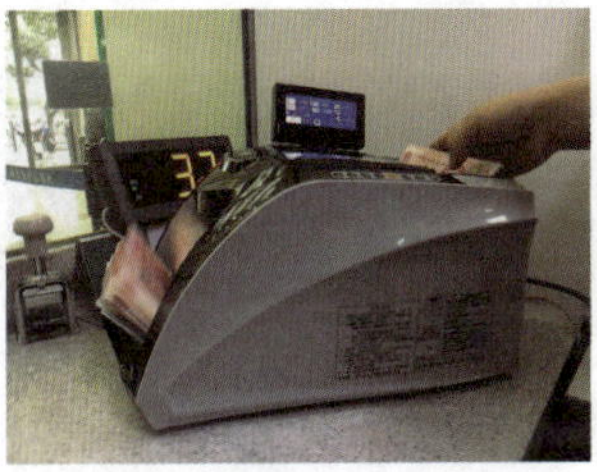

①（　　）②（　　）③（　　）

94

①（　　）②（　　）③（　　）

95

①（　　） ②（　　） ③（　　）

96

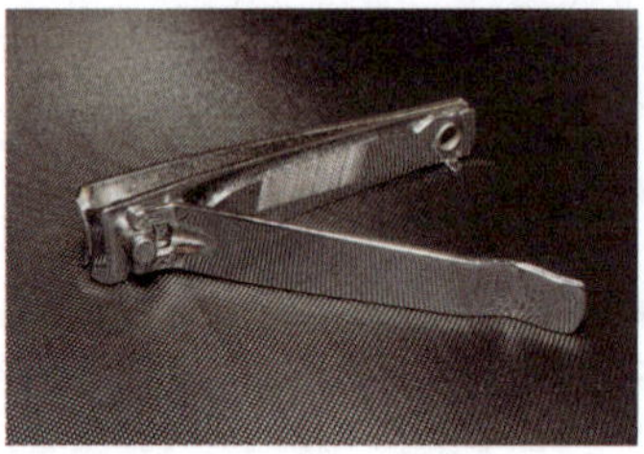

①（　　） ②（　　） ③（　　）

97

①（　　） ②（　　） ③（　　）

98

①（　　） ②（　　） ③（　　）

99

①（　　） ②（　　） ③（　　）

100

①（　　） ②（　　） ③（　　）

第 2 单元

看图听音选词语（二）

本单元共包含 2 个题目，
每个题目包含 100 道强化练习题

第 6 题

说明：这部分一共包含 100 道练习题。在每道题目中，你会看到一张图，听到三个词语，其中只有一个是对图片的说明，请把它选出来。需要注意的是，你听到的是两个人的声音，一个人念题号，一个人念 ①②③ 三个词语。

扫一扫，🎧 1 ~ 100

1

①（ ） ②（ ） ③（ ）

2

①（ ） ②（ ） ③（ ）

3

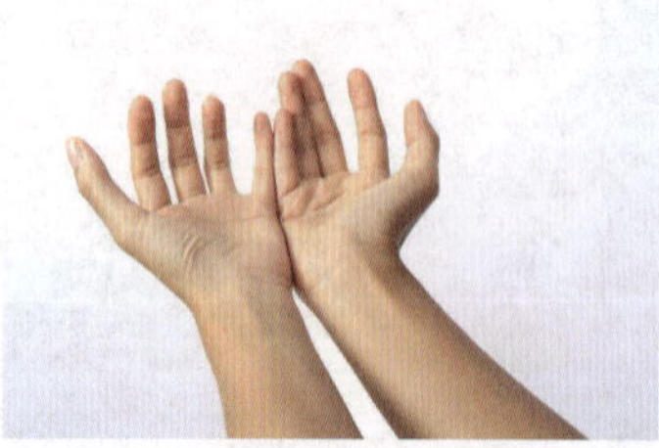

①（ ） ②（ ） ③（ ）

4

①（ ） ②（ ） ③（ ）

5

①（ ） ②（ ） ③（ ）

6

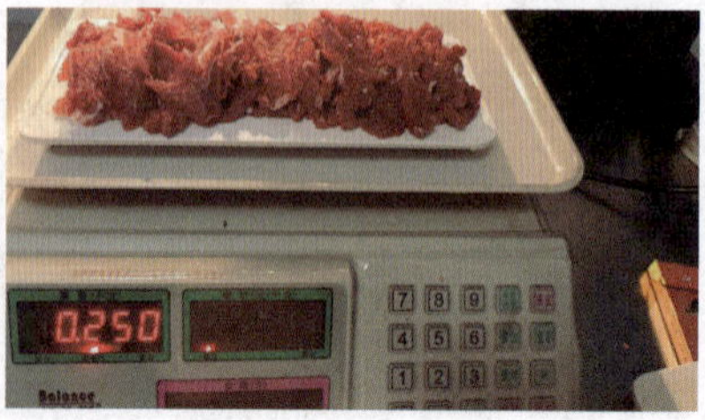

①（ ） ②（ ） ③（ ）

7

①（ ） ②（ ） ③（ ）

8

①（ ） ②（ ） ③（ ）

9

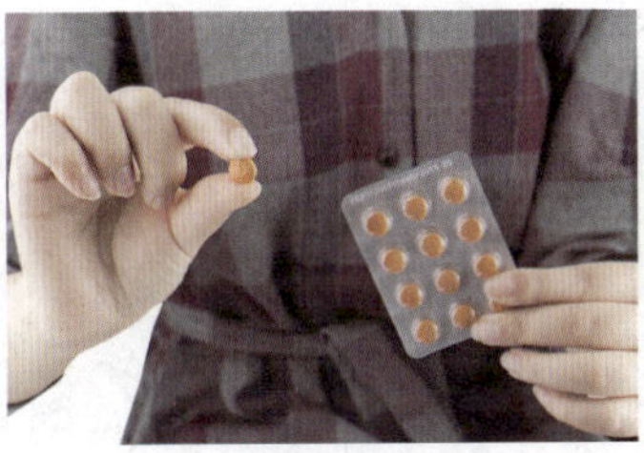

①（ ） ②（ ） ③（ ）

10

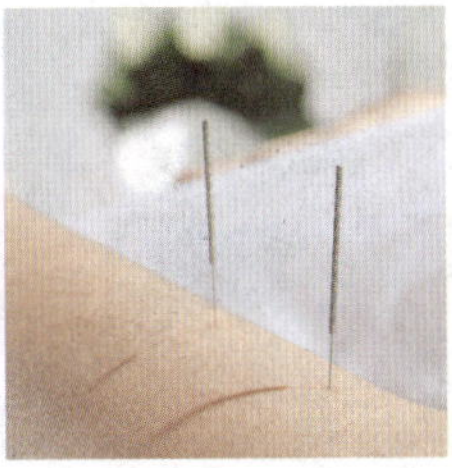

①（ ） ②（ ） ③（ ）

11

①（ ） ②（ ） ③（ ）

12

①（ ） ②（ ） ③（ ）

13

①（ ） ②（ ） ③（ ）

14

①（ ） ②（ ） ③（ ）

15

①（　　）　②（　　）　③（　　）

16

①（　　）　②（　　）　③（　　）

17

①（　　）　②（　　）　③（　　）

18

①（　　）　②（　　）　③（　　）

19

①（　　）　②（　　）　③（　　）

20

①（　　）　②（　　）　③（　　）

21

①（　　）　②（　　）　③（　　）

22

①（　　）　②（　　）　③（　　）

23

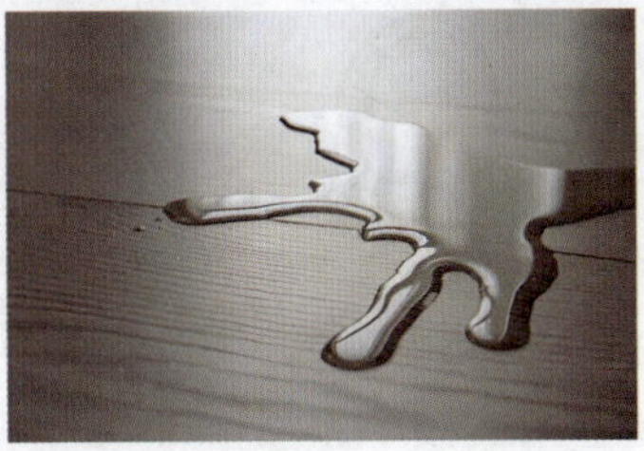

① ( ) ② ( ) ③ ( )

24

① ( ) ② ( ) ③ ( )

25

① ( ) ② ( ) ③ ( )

26

① ( ) ② ( ) ③ ( )

27

① ( ) ② ( ) ③ ( )

28

① ( ) ② ( ) ③ ( )

29

① ( ) ② ( ) ③ ( )

30

① ( ) ② ( ) ③ ( )

31

①（ ） ②（ ） ③（ ）

32

①（ ） ②（ ） ③（ ）

33

①（ ） ②（ ） ③（ ）

34

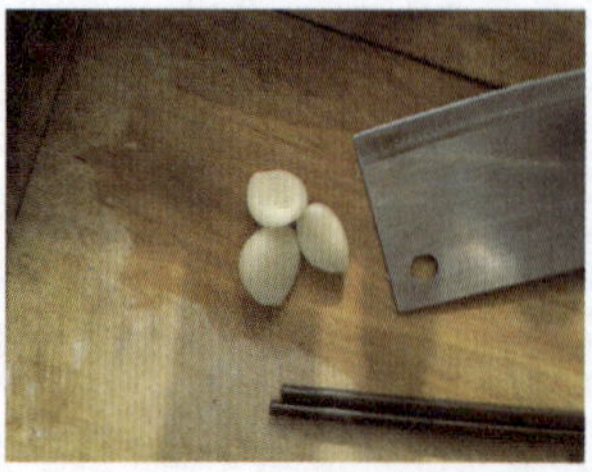

①（ ） ②（ ） ③（ ）

35

①（ ） ②（ ） ③（ ）

36

①（ ） ②（ ） ③（ ）

37

①（ ） ②（ ） ③（ ）

38

①（ ） ②（ ） ③（ ）

39

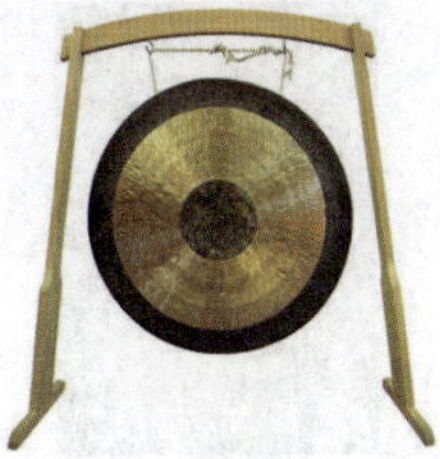

① (　　) ② (　　) ③ (　　)

40

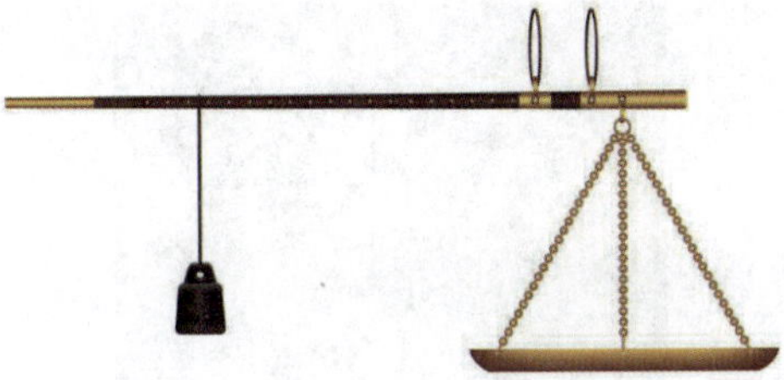

① (　　) ② (　　) ③ (　　)

41

① (　　) ② (　　) ③ (　　)

42

① (　　) ② (　　) ③ (　　)

43

① (　　) ② (　　) ③ (　　)

44

① (　　) ② (　　) ③ (　　)

45

① (　　) ② (　　) ③ (　　)

46

① (　　) ② (　　) ③ (　　)

47

①（ ） ②（ ） ③（ ）

48

①（ ） ②（ ） ③（ ）

49

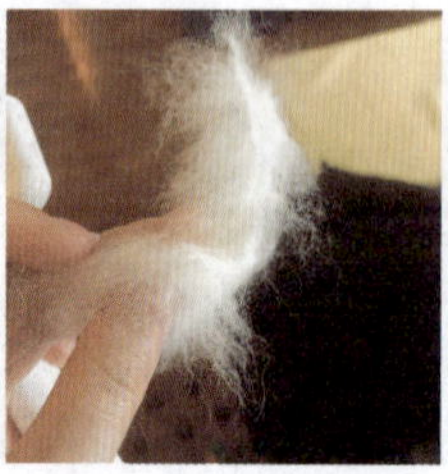

①（ ） ②（ ） ③（ ）

50

①（ ） ②（ ） ③（ ）

51

①（ ） ②（ ） ③（ ）

52

①（ ） ②（ ） ③（ ）

53

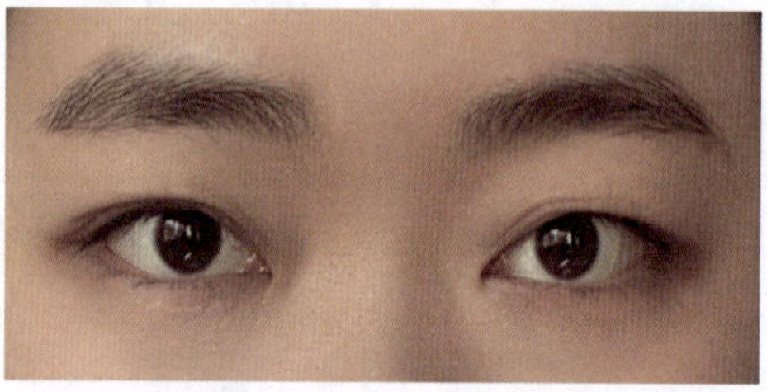

①（ ） ②（ ） ③（ ）

54

①（ ） ②（ ） ③（ ）

55

①（ ） ②（ ） ③（ ）

56

①（ ） ②（ ） ③（ ）

57

①（ ） ②（ ） ③（ ）

58

①（ ） ②（ ） ③（ ）

59

①（ ） ②（ ） ③（ ）

60

①（ ） ②（ ） ③（ ）

61

①（ ） ②（ ） ③（ ）

62

①（ ） ②（ ） ③（ ）

63

①（ ） ②（ ） ③（ ）

64

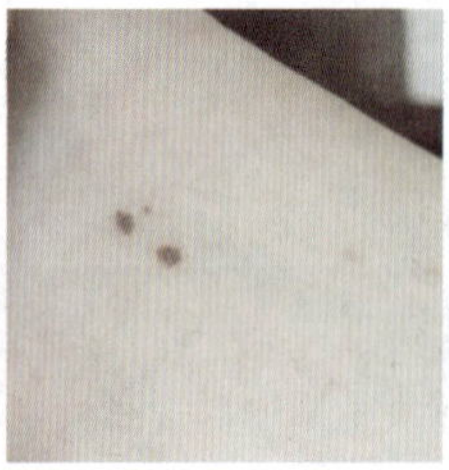

①（ ） ②（ ） ③（ ）

65

①（ ） ②（ ） ③（ ）

66

①（ ） ②（ ） ③（ ）

67

①（ ） ②（ ） ③（ ）

68

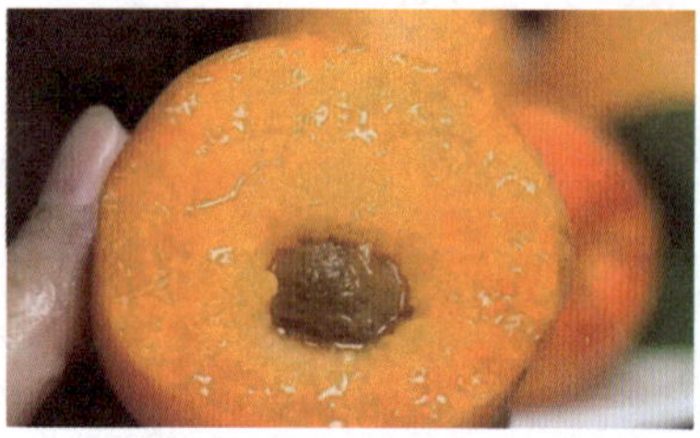

①（ ） ②（ ） ③（ ）

69

①（ ） ②（ ） ③（ ）

70

①（ ） ②（ ） ③（ ）

71

①(　　) ②(　　) ③(　　)

72

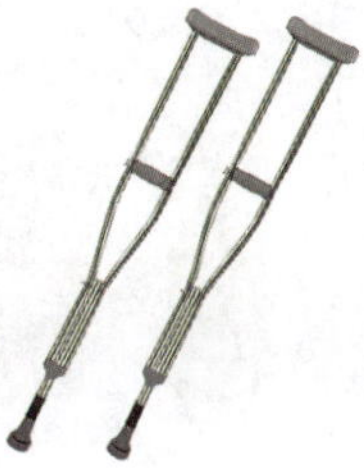

①(　　) ②(　　) ③(　　)

73

①(　　) ②(　　) ③(　　)

74

①(　　) ②(　　) ③(　　)

75

①(　　) ②(　　) ③(　　)

76

①(　　) ②(　　) ③(　　)

77

①(　　) ②(　　) ③(　　)

78

①(　　) ②(　　) ③(　　)

79

①（ ） ②（ ） ③（ ）

80

①（ ） ②（ ） ③（ ）

81

①（ ） ②（ ） ③（ ）

82

①（ ） ②（ ） ③（ ）

83

①（ ） ②（ ） ③（ ）

84

①（ ） ②（ ） ③（ ）

85

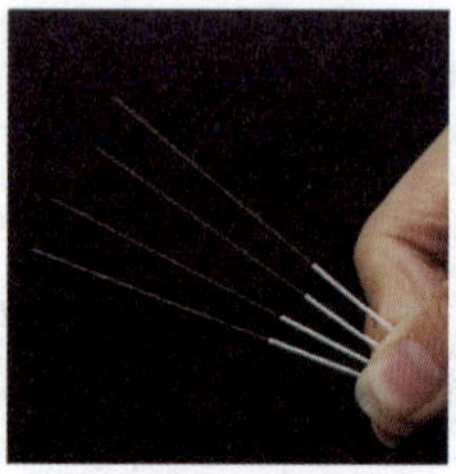

①（ ） ②（ ） ③（ ）

86

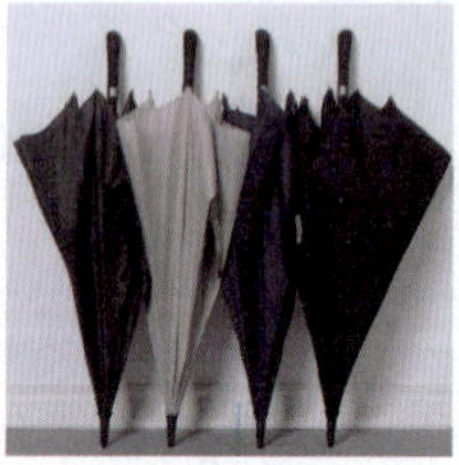

①（ ） ②（ ） ③（ ）

87

①（ ） ②（ ） ③（ ）

88

①（ ） ②（ ） ③（ ）

89

①（ ） ②（ ） ③（ ）

90

①（ ） ②（ ） ③（ ）

91

①（ ） ②（ ） ③（ ）

92

①（ ） ②（ ） ③（ ）

93

①（ ） ②（ ） ③（ ）

94

①（ ） ②（ ） ③（ ）

95

①（　　）　②（　　）　③（　　）

96

①（　　）　②（　　）　③（　　）

97

①（　　）　②（　　）　③（　　）

98

①（　　）　②（　　）　③（　　）

99

①（　　）　②（　　）　③（　　）

100

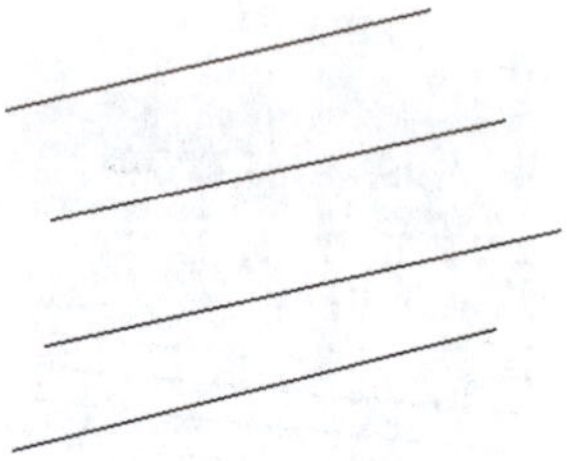

①（　　）　②（　　）　③（　　）

第 7 题

说明：这部分一共包含 100 道练习题。在每道题目中，你会看到一张图，听到三个词语，其中只有一个是对图片的说明，请把它选出来。需要注意的是，你听到的是两个人的声音，一个人念题号，一个人念 ①②③ 三个词语。

扫一扫，🎧 1 ~ 100

1

①（　　）　②（　　）　③（　　）

2

①（　　）　②（　　）　③（　　）

3

①（　　）　②（　　）　③（　　）

4

①（　　）　②（　　）　③（　　）

5

①（　　）　②（　　）　③（　　）

6

①（　　）　②（　　）　③（　　）

7

①（　　）②（　　）③（　　）

8

①（　　）②（　　）③（　　）

9

①（　　）②（　　）③（　　）

10

①（　　）②（　　）③（　　）

11

①（　　）②（　　）③（　　）

12

①（　　）②（　　）③（　　）

13

①（　　）②（　　）③（　　）

14

①（　　）②（　　）③（　　）

15

①(　　) ②(　　) ③(　　)

16

①(　　) ②(　　) ③(　　)

17

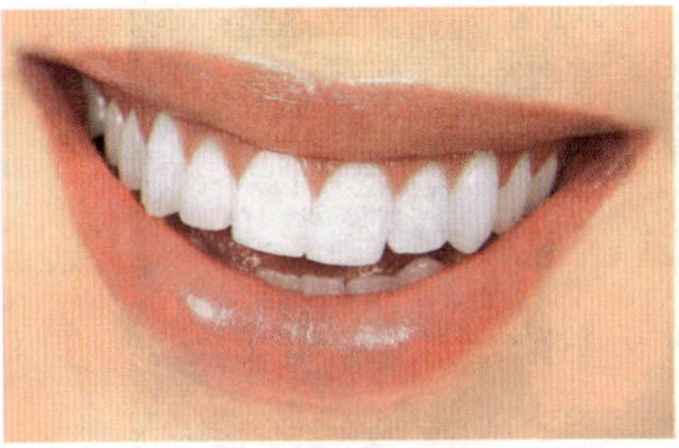

①(　　) ②(　　) ③(　　)

18

①(　　) ②(　　) ③(　　)

19

①(　　) ②(　　) ③(　　)

20

①(　　) ②(　　) ③(　　)

21

①(　　) ②(　　) ③(　　)

22

①(　　) ②(　　) ③(　　)

23

①（　　）　②（　　）　③（　　）

24

①（　　）　②（　　）　③（　　）

25

①（　　）　②（　　）　③（　　）

26

①（　　）　②（　　）　③（　　）

27

①（　　）　②（　　）　③（　　）

28

①（　　）　②（　　）　③（　　）

29

①（　　）　②（　　）　③（　　）

30

①（　　）　②（　　）　③（　　）

31

①（　　）②（　　）③（　　）

32

①（　　）②（　　）③（　　）

33

①（　　）②（　　）③（　　）

34

①（　　）②（　　）③（　　）

35

①（　　）②（　　）③（　　）

36

①（　　）②（　　）③（　　）

37

①（　　）②（　　）③（　　）

38

①（　　）②（　　）③（　　）

39

①（ ） ②（ ） ③（ ）

40

①（ ） ②（ ） ③（ ）

41

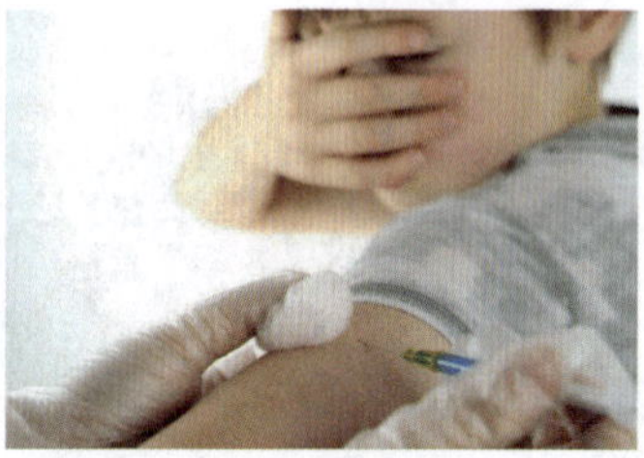

①（ ） ②（ ） ③（ ）

42

①（ ） ②（ ） ③（ ）

43

①（ ） ②（ ） ③（ ）

44

①（ ） ②（ ） ③（ ）

45

①（ ） ②（ ） ③（ ）

46

①（ ） ②（ ） ③（ ）

47

①（ ） ②（ ） ③（ ）

48

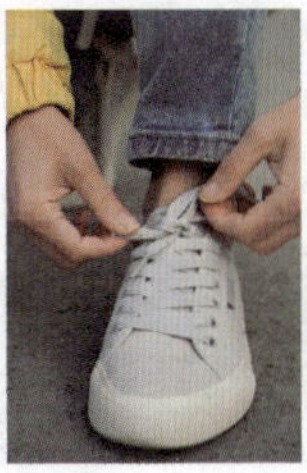

①（ ） ②（ ） ③（ ）

49

①（ ） ②（ ） ③（ ）

50

①（ ） ②（ ） ③（ ）

51

①（ ） ②（ ） ③（ ）

52

①（ ） ②（ ） ③（ ）

53

①（ ） ②（ ） ③（ ）

54

①（ ） ②（ ） ③（ ）

55

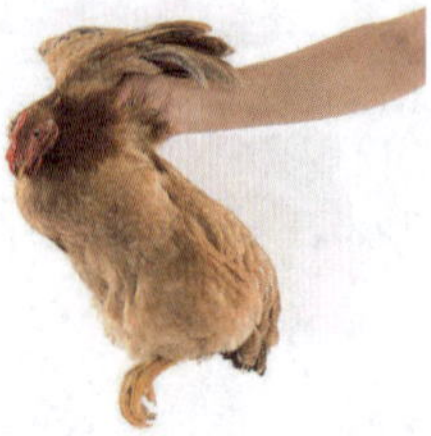

①（ ） ②（ ） ③（ ）

56

①（ ） ②（ ） ③（ ）

57

①（ ） ②（ ） ③（ ）

58

①（ ） ②（ ） ③（ ）

59

①（ ） ②（ ） ③（ ）

60

①（ ） ②（ ） ③（ ）

61

①（ ） ②（ ） ③（ ）

62

①（ ） ②（ ） ③（ ）

63

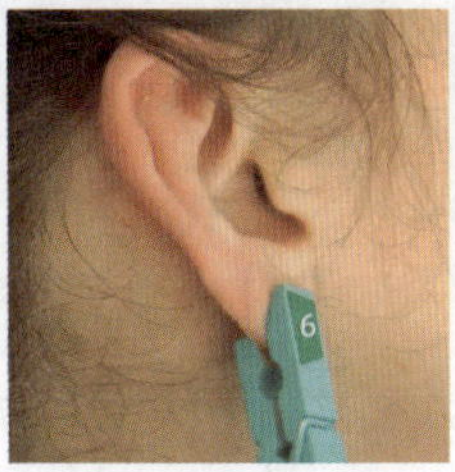

① (　　) ② (　　) ③ (　　)

64

① (　　) ② (　　) ③ (　　)

65

① (　　) ② (　　) ③ (　　)

66

① (　　) ② (　　) ③ (　　)

67

① (　　) ② (　　) ③ (　　)

68

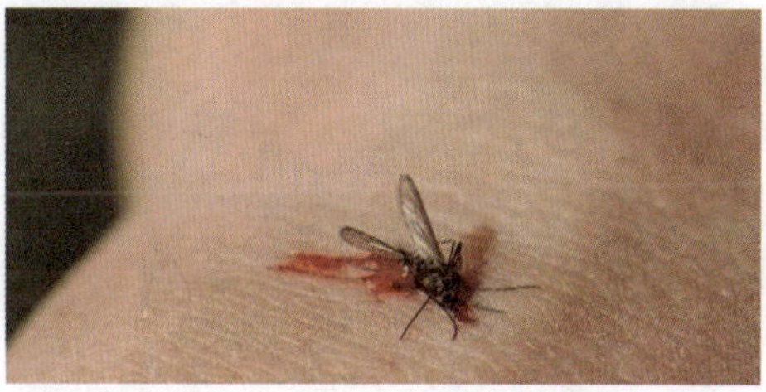

① (　　) ② (　　) ③ (　　)

69

① (　　) ② (　　) ③ (　　)

70

① (　　) ② (　　) ③ (　　)

71

①（ ） ②（ ） ③（ ）

72

①（ ） ②（ ） ③（ ）

73

①（ ） ②（ ） ③（ ）

74

①（ ） ②（ ） ③（ ）

75

①（ ） ②（ ） ③（ ）

76

①（ ） ②（ ） ③（ ）

77

①（ ） ②（ ） ③（ ）

78

①（ ） ②（ ） ③（ ）

79

①（ ） ②（ ） ③（ ）

80

①（ ） ②（ ） ③（ ）

81

①（ ） ②（ ） ③（ ）

82

①（ ） ②（ ） ③（ ）

83

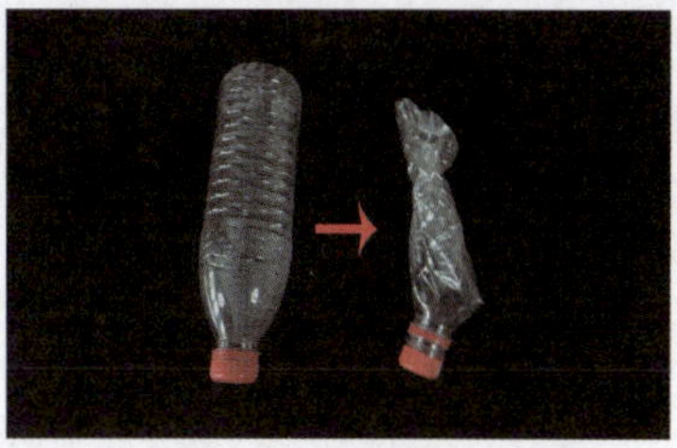

①（ ） ②（ ） ③（ ）

84

①（ ） ②（ ） ③（ ）

85

①（ ） ②（ ） ③（ ）

86

①（ ） ②（ ） ③（ ）

87

①（　　）　②（　　）　③（　　）

88

①（　　）　②（　　）　③（　　）

89

①（　　）　②（　　）　③（　　）

90

①（　　）　②（　　）　③（　　）

91

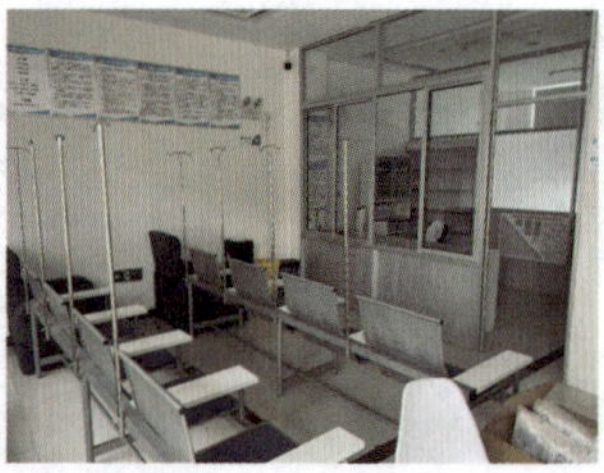

①（　　）　②（　　）　③（　　）

92

①（　　）　②（　　）　③（　　）

93

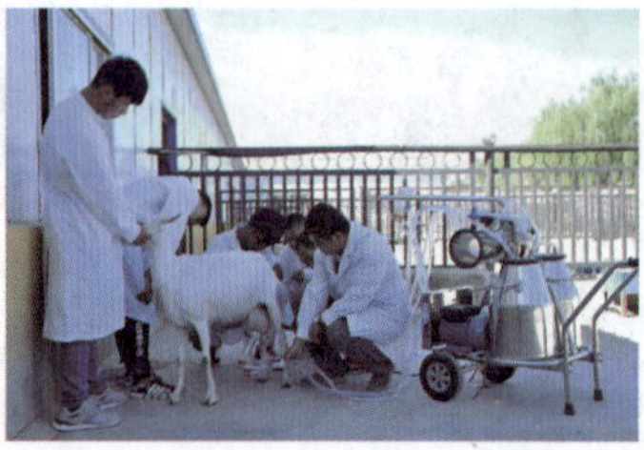

①（　　）　②（　　）　③（　　）

94

①（　　）　②（　　）　③（　　）

95

①（ ） ②（ ） ③（ ）

96

①（ ） ②（ ） ③（ ）

97

①（ ） ②（ ） ③（ ）

98

①（ ） ②（ ） ③（ ）

99

①（ ） ②（ ） ③（ ）

100

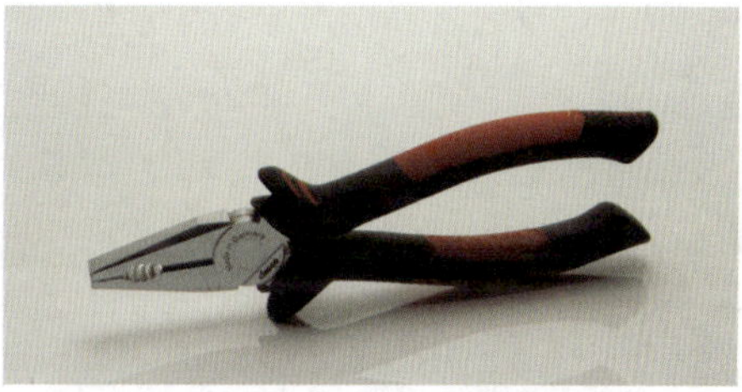

①（ ） ②（ ） ③（ ）

第 3 单元

看图听音选句子

本单元共包含 1 个题目，
这个题目包含 100 道强化练习题

第 8 题

说明：这部分一共包含 100 道练习题。在每道题目中，你会看到一张图，听到三个句子，其中只有一个是对图片的说明，请把它选出来。需要注意的是，你听到的是两个人的声音，一个人念题号，一个人念 ①②③ 三个句子。

扫一扫，1 ~ 100

1

①（　　）②（　　）③（　　）

2

①（　　）②（　　）③（　　）

3

①（　　）②（　　）③（　　）

4

①（　　）②（　　）③（　　）

5

①（　　）②（　　）③（　　）

6

①（　　）②（　　）③（　　）

7

①（ ） ②（ ） ③（ ）

8

①（ ） ②（ ） ③（ ）

9

①（ ） ②（ ） ③（ ）

10

①（ ） ②（ ） ③（ ）

11

①（ ） ②（ ） ③（ ）

12

①（ ） ②（ ） ③（ ）

13

①（ ） ②（ ） ③（ ）

14

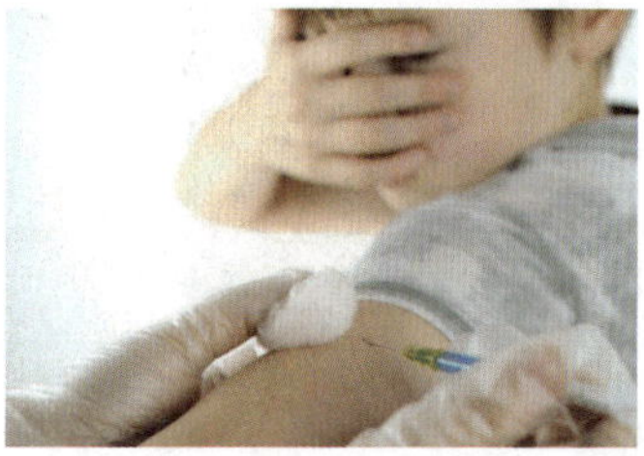

①（ ） ②（ ） ③（ ）

15

①（ ） ②（ ） ③（ ）

16

①（ ） ②（ ） ③（ ）

17

①（ ） ②（ ） ③（ ）

18

①（ ） ②（ ） ③（ ）

19

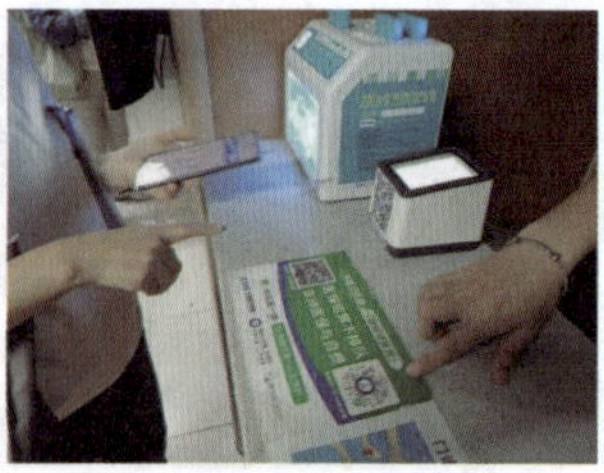

①（ ） ②（ ） ③（ ）

20

①（ ） ②（ ） ③（ ）

21

①（ ） ②（ ） ③（ ）

22

①（ ） ②（ ） ③（ ）

23

①（ ） ②（ ） ③（ ）

24

①（ ） ②（ ） ③（ ）

25

①（ ） ②（ ） ③（ ）

26

①（ ） ②（ ） ③（ ）

27

①（ ） ②（ ） ③（ ）

28

①（ ） ②（ ） ③（ ）

29

①（ ） ②（ ） ③（ ）

30

①（ ） ②（ ） ③（ ）

31

① ( ) ② ( ) ③ ( )

32

① ( ) ② ( ) ③ ( )

33

① ( ) ② ( ) ③ ( )

34

① ( ) ② ( ) ③ ( )

35

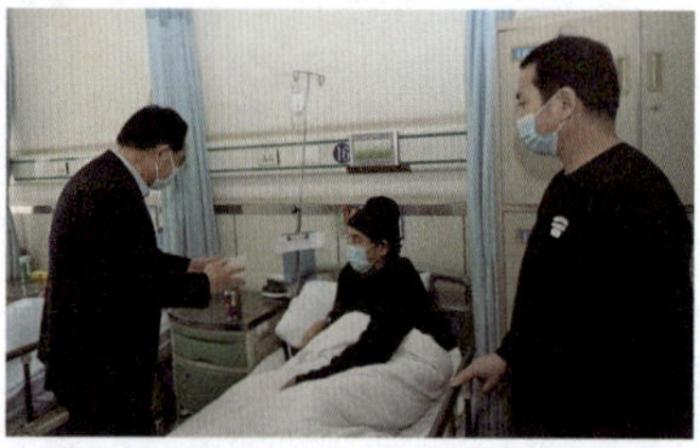

① ( ) ② ( ) ③ ( )

36

① ( ) ② ( ) ③ ( )

37

① ( ) ② ( ) ③ ( )

38

① ( ) ② ( ) ③ ( )

39

①(　　) ②(　　) ③(　　)

40

①(　　) ②(　　) ③(　　)

41

①(　　) ②(　　) ③(　　)

42

①(　　) ②(　　) ③(　　)

43

①(　　) ②(　　) ③(　　)

44

①(　　) ②(　　) ③(　　)

45

①(　　) ②(　　) ③(　　)

46

①(　　) ②(　　) ③(　　)

47

①（ ） ②（ ） ③（ ）

48

①（ ） ②（ ） ③（ ）

49

①（ ） ②（ ） ③（ ）

50

①（ ） ②（ ） ③（ ）

51

①（ ） ②（ ） ③（ ）

52

①（ ） ②（ ） ③（ ）

53

①（ ） ②（ ） ③（ ）

54

①（ ） ②（ ） ③（ ）

55

① (　　) ② (　　) ③ (　　)

56

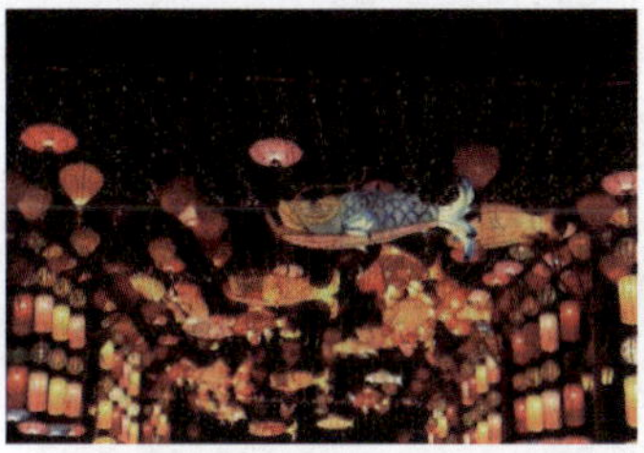

① (　　) ② (　　) ③ (　　)

57

① (　　) ② (　　) ③ (　　)

58

① (　　) ② (　　) ③ (　　)

59

① (　　) ② (　　) ③ (　　)

60

① (　　) ② (　　) ③ (　　)

61

① (　　) ② (　　) ③ (　　)

62

① (　　) ② (　　) ③ (　　)

63

①（ ） ②（ ） ③（ ）

64

①（ ） ②（ ） ③（ ）

65

①（ ） ②（ ） ③（ ）

66

①（ ） ②（ ） ③（ ）

67

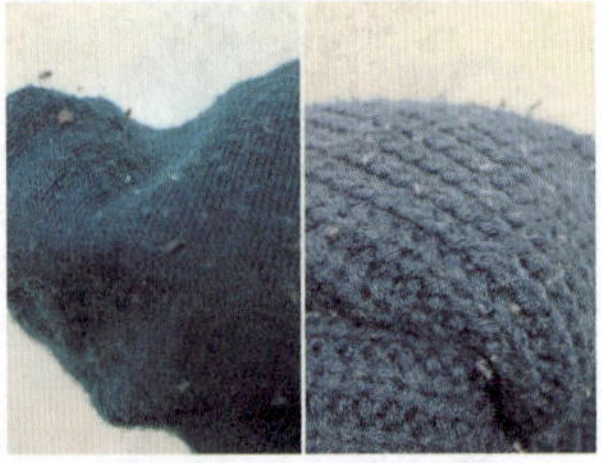

①（ ） ②（ ） ③（ ）

68

①（ ） ②（ ） ③（ ）

69

①（ ） ②（ ） ③（ ）

70

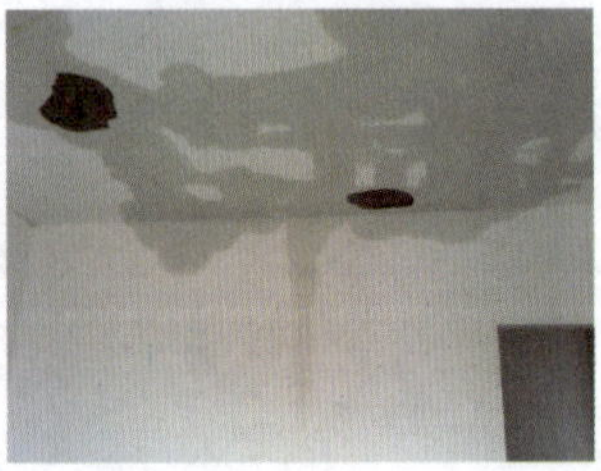

①（ ） ②（ ） ③（ ）

71

① (　　) ② (　　) ③ (　　)

72

① (　　) ② (　　) ③ (　　)

73

① (　　) ② (　　) ③ (　　)

74

① (　　) ② (　　) ③ (　　)

75

① (　　) ② (　　) ③ (　　)

76

① (　　) ② (　　) ③ (　　)

77

① (　　) ② (　　) ③ (　　)

78

① (　　) ② (　　) ③ (　　)

79

①(　　) ②(　　) ③(　　)

80

①(　　) ②(　　) ③(　　)

81

①(　　) ②(　　) ③(　　)

82

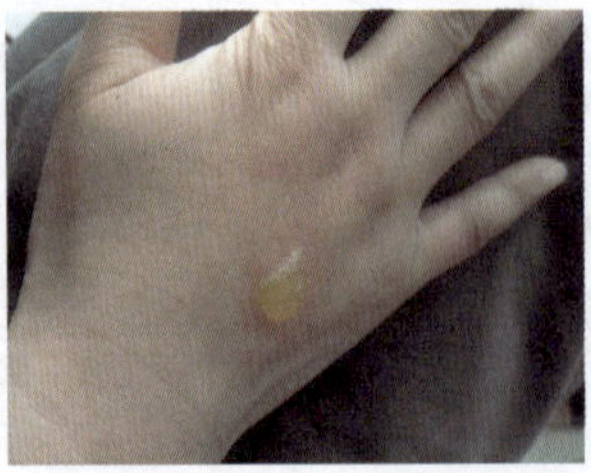

①(　　) ②(　　) ③(　　)

83

①(　　) ②(　　) ③(　　)

84

①(　　) ②(　　) ③(　　)

85

①(　　) ②(　　) ③(　　)

86

①(　　) ②(　　) ③(　　)

87

①(　　) ②(　　) ③(　　)

88

①(　　) ②(　　) ③(　　)

89

①(　　) ②(　　) ③(　　)

90

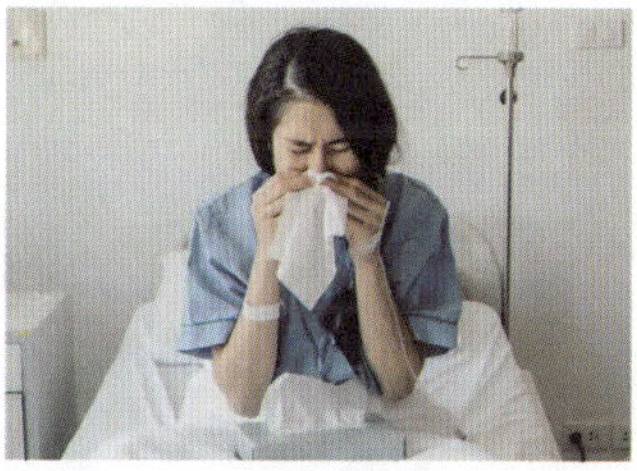

①(　　) ②(　　) ③(　　)

91

①(　　) ②(　　) ③(　　)

92

①(　　) ②(　　) ③(　　)

93

①(　　) ②(　　) ③(　　)

94

①(　　) ②(　　) ③(　　)

95

①（ ） ②（ ） ③（ ）

96

①（ ） ②（ ） ③（ ）

97

①（ ） ②（ ） ③（ ）

98

①（ ） ②（ ） ③（ ）

99

①（ ） ②（ ） ③（ ）

100

①（ ） ②（ ） ③（ ）